科技
改變中國

叢書總主編：倪光南

U0103350

善數者成

大數據改變中國

Digital: Big Data Changes China

涂子沛 鄭磊
／
編著

開明書店

「科技改變中國」叢書

編委會

叢書總主編

倪光南　中國工程院院士，中國科學院計算技術研究所研究員

叢書副總主編

寧　濱　中國工程院院士，北京交通大學原校長

吳偉仁　中國工程院院士，國家國防科技工業局中國探月工程總設計師

徐宗本　中國科學院院士，西安交通大學原副校長

顧　翀　人民郵電出版社有限公司總經理

韓建民　杭州電子科技大學融媒體與主題出版研究院院長

編　委

武鎖寧　中國通信企業協會副會長，人民郵電報社原總編輯

陳　鍾　北京大學教授、博士生導師

馬殿富　北京航空航天大學教授、博士生導師

胡堅波　中國信息通信研究院總工程師

安　暉　中國電子信息產業發展研究院副總工程師

何寶宏　中國信息通信研究院雲計算與大數據研究所所長

陸　峰　中國電子信息產業發展研究院電子信息產業研究所副所長

推薦序

在我們的日常生活中，存在着各種形式的資料，比如文件、圖表、歌曲、演講視頻等，這些資料都是對社會經濟和生產生活片斷的記錄，這些記錄以數字化的形式存在、成為信息的載體時，就是數據。通俗地説，數據是數字化的資料，而大數據，就是大而複雜的資料集。

伴隨着過去半個多世紀信息技術的跨越式發展，上述數字化資料集開始以驚人的速度增長，數據排山倒海而來。如何處理這些數據，給科學家帶來了巨大的挑戰。但是我們也欣喜地發現，當數據積累到一定的量級，數據背後關於自然和社會的客觀規律也開始呈現出來，人類通過挖掘、分析，可以從龐大的資料集中判斷事物的特點、趨勢和相互關係，從而讓數據釋放出科學的偉力。預計在未來很長一段時間內，挖掘各領域數據的價值，從而實現由數據到信息再到知識和決策的轉換，將是一個基本的社會科學活動。大數據時代已然來臨。

雖然人類社會邁入這個新時代至今才不到十年，但世界各國都不約而同看到了大數據的價值。它既是重構社會經濟

的基本生產資料和促進生產力的利器，也是國家創新發展的核心驅動力，發展、普及大數據技術以及培養文化意識，十分迫切而且重要。

放眼世界，很多國家已經把經濟數字化作為實現創新發展的重要動能，一些先進國家還相繼出台了大數據發展規劃，把它上升到國家戰略的地位。就此而言，中國正處於全世界的第一梯隊，發展大數據具有獨特的優勢。一方面，這和我國數據資源豐富、市場規模巨大、互聯網普及程度高有關；另一方面，我國能夠集中力量辦大事，也保障了數據歸集、標準統一等大數據基礎性問題的解決。

《善數者成：大數據改變中國》是一本應時之作，以「深科普」的視角，關注當下大數據在中國催生的現象和變革，從社會管理到商業經濟，從交通醫療到環境生態，展現了大數據在各個領域前沿極具價值的應用場景，案例生動鮮活，筆觸溫暖生動，書中有不少思考和洞察，讓人耳目一新，受益良多。

本書兩位編者中，涂子沛先生是中國大數據領域的開拓者之一，也是極具影響力的大數據佈道者，著有一系列相關作品。另一位編者鄭磊教授一直堅持從事大數據領域的學術研究和決策諮詢，成果豐富。兩位編者深耕細作，本書的出版值得稱道。

　　誠如作者在書中所述，新的發展也帶來了新的問題，大數據時代出現的公共問題尤其值得我們關注，比如數據鴻溝、數據安全、數據主權、數據如何跨境流動，以及隱私保護等。只有解決了這些問題，才能更好地提煉和利用數據價值，從而有力推動經濟轉型和發展，提升國家治理現代化水平，在紛繁複雜的外部環境中打造新的國家競爭優勢。但要解決這些新問題，目前並沒有現成的方案，引用涂子沛先生《數文明》書中的一句話：通往美好社會的道路，永遠都在修建當中。這還需要學界、政界和業界不斷思考和努力。

　　總之，大數據改變中國的篇章才剛剛開始，讓我們拭目以待，迎接、建設這一新的時代。

中國科學院院士　徐宗本

　　人類正處於一個前所未見的大數據時代。社交媒體、移動互聯網和物聯網的發展，讓人類經歷了空前的數據爆炸；而數據處理和分析技術的進步，更讓人類使用海量數據的能力得到了極大的提高。藉此，人類可以更好地發現知識、提升能力、創造價值，政治、經濟、學術等各大領域都出現了新的發展機遇。

　　大數據正在改變世界，也在改變中國。近年來，大數據產業發展日新月異，新興業態不斷湧現，大數據與實體經濟融合發展的水平穩步提升。我國政府數據共享開放的步伐也不斷加快，利用大數據提升行政管理、公共服務和社會治理水平初見成效。展望未來，我國在大數據領域的市場規模和數據資源優勢還將繼續發揮，關鍵技術研發有望繼續取得突破，大數據改變中國的進程才剛剛開始。

　　那麼，大數據正在如何改變中國？未來大數據還有望給我國帶來哪些變化？本書就將重點回答這些問題。在結構上，本書第一章首先介紹大數據的前世今生，介紹大數據時代從哪裏起步、有哪些特點。接着，本書第二章至第十章介

紹大數據在社會生活中的九個重要領域裏給我國帶來的改變，從政府公共服務與社會治理，到製造業、商業與金融業，再到與老百姓日常生活息息相關的交通、教育、醫療等領域，都能看到大數據給我國經濟社會的方方面面帶來的可喜變化。最後，本書展望大數據的未來，什麼將繼續改變、在改變的過程中還面臨哪些挑戰，以及什麼不應該被改變。

作為一本「深科普」性質的讀物，本書的編寫主要有以下三個特點。

首先，力爭在理論與故事之間找到平衡。我們試圖通過實實在在的案例和真實的故事，為廣大讀者展示大數據給我國各行各業帶來的巨大變化，起到開闊視野、啟迪思考的作用。但案例和故事的背後，離不開國內外數據科學、計算機科學、信息管理、公共管理乃至哲學、歷史等各個學科的學術成果和理論框架。

其次，力爭在技術與人文之間找到平衡。儘管這是一本集中介紹科技成果的讀物，但我們認為科技的發展應該解放而非束縛人類。在展現技術力量的同時，我們時刻不忘人文的溫度，呼籲縮小數據鴻溝、保護數據隱私、反對「數據迷信」。大數據的發展應以人為中心，維護人的權利和尊嚴，促進人的全面發展，滿足人們對美好生活的嚮往，而不是走

向相反的方向。

　　最後，力爭在弘揚與反思之間找到平衡。儘管大數據在中國的發展高歌猛進，碩果累累，但我們必須時刻保持清醒的頭腦，絲毫不能沾沾自喜。現實與理想還有差距，成績和不足瑕瑜互見。我們用大量的篇幅介紹大數據應用的成功案例，但也反思存在的不足，更明言可能的挑戰。科技發展對社會進步的促進作用不是「短跑」，而是「馬拉松」，既要抓住機遇，也要應對挑戰，居安思危方能行穩致遠。

　　希望讀者朋友們能通過本書對大數據已經給中國帶來的巨大改變有一個直觀、深入的認識，並能對大數據即將給我們帶來的機遇和挑戰有全面和充分的準備，最後還能進一步對科技與人之間的關係應該如何改變和演化這一問題進行思考和討論。

　　本書的完成，首先要感謝編寫團隊為期半年的艱苦勞作，感謝「科技改變中國」叢書總主編倪光南院士對本書的悉心指導。

　　本書編寫人員分處廣州、上海、湘潭、南寧等地，地域分散，集結困難，書稿撰寫階段，寫作組每周定期召開微信電話會，交流心得，碰撞觀點，常在周末和假期的深夜還在加班加點、打磨文字。全書數易其稿，凝結了團隊全體成員

的辛勤汗水。

　　本書共十一章，第一章、第六章由涂子沛執筆，第二章由博士生王翔（復旦大學）執筆，第三章由朱曉婷（復旦大學）執筆，第四章由溫祖卿（復旦大學）執筆，第五章由涂斯婧（廣西中醫藥大學）執筆，第七章由葉俊傑博士（數文明科技）執筆，第八章由朱曉婷、溫祖卿執筆，第九章由杜為兮、李楠（數文明科技）執筆，第十章由張炳劍、石大義（數文明科技）執筆，第十一章由王翔、鄭磊執筆，全書由涂子沛、鄭磊統稿。

　　感謝數文明科技公司，以及復旦大學數字與移動治理實驗室的同學和業界朋友對本書創作的支持。李楠協助修改、整理書稿，把控項目進度，鄧志新對個別章節提出了寶貴的修改意見。珠海伊斯佳王德友董事長為編寫過程中的調研走訪提供了大力支持。還要特別感謝人民郵電出版社王威和賀瑞君等編輯對書稿提出的建設性意見，他們為本書的面世做了非常細緻的工作。

　　在中華人民共和國成立 70 周年之際，能以此書獻禮，我們既感榮幸，又感重任在肩。我們深知，本書只是對我國大數據發展的一個階段性小結。限於知識和能力，本書講述的故事和展開的討論難免掛一漏萬，還請各位讀者方家不吝指正。

目　錄

第一章

大數據的前世今生

在互聯網經濟時代，數據是新的生產要素，是基礎性資源和戰略性資源，也是重要生產力。

——習近平總書記在中共中央政治局第二次集體學習時做出的科學判斷[1]

1.1　正解大數據：世上本沒有數 [1] [2]

傳統意義上的「數據」，是指「有根據的數字」。數字之所以產生，是因為人類在實踐中發現，僅僅用語言、文字和圖形來描述這個世界是不精確的，也是遠遠不夠的。例如，有人問「姚明有多高」，如果回答說「很高」「非常高」「最高」，別人聽了，只能得到一個抽象的印象，因為每個人對「很」有不同的理解，「非常」和「最」也是相對的；但如果回答說「2.26米」，就一清二楚。除了描述世界，數據還是我們改造世界的重要工具。人類的一切生產、交換活動，可以說都是以數據為基礎展開的，例如度量衡、貨幣的背後都是數據，它們的發明或出現，都極大地推動了人類文明的進步。

如圖1.1所示，數據的來源分為測量、記錄和計算。數據最早來源於測量，所謂「有根據的數字」，是指數據是對客觀世界測量結果的記錄，而不是隨意產生的。測量是從古至今科學研究最主要的手段。可以說，沒有測量，就沒有科學；也可以說，一切科學的本質都是測量。就此而言，數據之於科學的

1　本章部分內容編選自本書編著者之一涂子沛2014年在中信出版社出版的《數據之巔：大數據革命，歷史、現實與未來》一書。

重要性，就像語言之於文學、音符之於音樂、形色之於美術一樣，離開數據，就沒有科學可言。

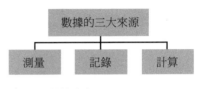

圖 1.1　數據的來源

　　除了測量和顯而易見的記錄，新數據還可以由老數據經計算衍生而來。測量和計算都是人為的，也就是說，世上本沒有數，一切數據都是人為的產物。我們說的「原始數據」，並不是「原始森林」這個意義上的「原始」。原始森林是指天然就存在的森林，而原始數據僅僅是指第一手、沒有經過人為修改的數據。

　　如圖 1.2 所示，傳統意義上的數據，和信息、知識也是完全不同的概念：數據是信息的載體，信息是有背景的數據，而知識是經過人類的歸納和整理，最終呈現規律的信息。

　　20 世紀 60 年代，軟件科學取得了巨大進步，數據庫被發明。此後，數字、文本、圖片都不加區分地保存在計算機的數據庫中，以「比特」為單位進行存儲，「數據」二字的內涵開始擴大。「數據」不僅指代那些作為「量」而存在的數據——也就是「量數」，還逐漸成為「數字、文本、圖片、音頻、視頻」等的統稱，即「信息」的代名詞，由於這些信息作為一種證據、根據而存在，因此可以稱為「據數」。

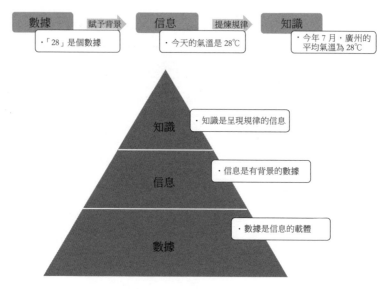

圖 1.2   數據、信息、知識的區別和聯繫

在此基礎上，關於大數據的定義，筆者主張用下面這樣一個式子來較為簡潔、精確地表示。

大數據＝傳統的量數＋現代的據數

（量數源於測量，如氣溫 28℃；據數源於記錄，如一張照片）

雖然量數比據數更接近「數」，但從歷史上看，據數的出現要早於量數。人類早期對自身活動的記錄，即「史」，就是早期的據數，也可以說，據數是歷史的影子。量數則是在記錄的實踐中慢慢產生的，其核心要義是精確。量數是否充沛，直

接決定了科學是否發達。從這個角度出發，數據的來源就不再只是對世界的測量，而是對世界的一種記錄。所以信息時代的數據又多了一個來源——記錄。

　　進入信息時代之後，數據成為信息的代名詞，兩者可以交替使用。一封郵件雖然包含很多條信息，但從技術的角度出發，可能還是「一個數據」。就此而言，現代意義上的數據的範疇，其實比信息還大，如圖 1.3 所示。

　　除了內涵的擴大，數據庫問世之後，還出現了另外一個重要現象，那就是數據的總量在不斷增加，而且增加的速度在不斷加快。

　　20 世紀 80 年代，美國就有人提出了「大數據」的概念。那個時候，其實還沒有進入數據大爆炸的時代，但有人預見到，隨着信息技術的進步，軟件的重要性將下降，數據的重要性將上升，因此提出「大數據」的概念。那時候的「大」，如「大人物」和「大轉折」之「大」，主要指價值上的重要性。到了 21 世紀，尤

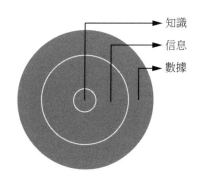

知識
信息
數據

圖 1.3　現代數據的範疇

其是 2004 年社交媒體產生之後，數據開始呈爆炸式增長，國際數據公司（IDC）的數據顯示，2011—2018 年，全球的數據量增長了 18 倍，大數據的提法又重新進入大眾的視野並獲得了更大的關注。這個時候的「大」，含義也更加豐富了：一是指容量大，二是指價值大。

到底多大才算大呢？針對這一問題，十多年來爭議頗多。這首先涉及衡量數據大小的單位。2000 年的時候，一般認為「太字節（TB）」級別的數據就是大數據了，當時擁有「太」級別數據的企業並不多，但自此之後，互聯網企業開始崛起，這些企業擁有各種各樣的數據，其中大部分都是文本、圖片和視頻，其數據量之大，傳統企業根本無法望其項背。

延伸閱讀

理解幾個主要的存儲單位

一首標準音質的歌曲 ≈4 兆字節（MB）

一部標準畫質的電影 ≈1 吉字節（GB，1 吉字節 =1 024 兆字節，相當於 250 首標準音質歌曲的大小）

一個普通圖書館的藏書 ≈1 太字節（TB，1 太字節 =1 024 吉字節，相當於 1024 部標準畫質電影的大小）

其實不僅僅是互聯網行業，各行各業的數據都在爆炸，只是規模不同。如果僅僅把大數據的標準限定在互聯網企業，認為只有互聯網企業才擁有大數據，那就嚴重狹隘化了大數據的意義。畢竟容量只是表象，價值才是本質，而且大容量並不一定代表大價值。大數據的真正意義還在於大價值，價值主要通過數據的整合、分析和開放而獲得。從這個方面來看，大數據的真正意義是，人類擁有了前所未有的能力來使用海量的數據，在其中發現新知識、創造新價值，從而為社會帶來「大知識」「大科技」「大效益」和「大智能」等發展機遇。

以上論述是從概念上分析「數據」和「大數據」的區別，而掌握一個概念最好的方法，還是得從動態上了解其成因。大數據的形成，不僅是因為人類信息技術的進步，還是信息技術領域不同時期多個進步交互作用的結果，其中最重要的原因，當數摩爾定律的持續有效。

1.2　存儲革命：摩爾定律推動的進化

1965 年，英特爾公司的創始人之一戈登·摩爾（Gordon Moore）在考察了計算機硬件的發展規律之後，提出了著名的

摩爾定律。該定律認為，同一面積芯片上可容納的晶體管數量，一到兩年將增加一倍。[1]

　　要理解這種增加的意義，並不簡單。摩爾的本意是，由於單位面積芯片上晶體管的密度增加了，計算機硬件的處理速度、存儲能力，即其主要性能，一到兩年將提升一倍。本來性能提升了，價格也應該上升才對，但實際情況恰恰相反：半個多世紀以來，硬件的性能不斷提高，但價格卻持續下降。這背後的主要原因，竟然是因為晶體管越做越小，這種體積的縮小也使得其成本下降；再加上人類對晶體管的需求越來越大，大規模的生產也使得價格不斷下降。

　　回顧這半個多世紀的歷史，硬件的發展基本符合摩爾定律，如圖 1.4 所示。以物理存儲器為例，其性能確實不斷上升，與此同時，價格不斷下降。1955 年，IBM 推出了第一款商用硬盤存儲器，1 兆字節容量的存儲器需要 6 000 多美元。此後，其價格不斷下降：1960 年下降到 3 600 美元；1993 年，下降到約 1 美元；2000 年降至約 1 美分；到 2010 年，每兆字

1　摩爾 1965 年提出該定律時，認為這個周期是一年；1975 年，他修訂為兩年。也有人認為這個周期是 18 個月。

節價格約為 0.005 美分。半個多世紀以來，存儲器的價格下降到原來的約一億分之一，這種變化巨大而且劇烈，令人瞠目結舌。事實上，縱觀人類全部的歷史，沒有其他任何一種產品，其價格的下降空間能夠如此巨大！

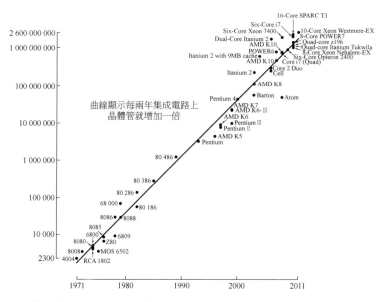

注：縱坐標為晶體管數量，橫坐標為年份。該曲線表明，1971—2011 年，大概每兩年相同面積的中央處理器集成電路上的晶體管就增加一倍。需要注意的是，縱坐標從 2 300 到 10 000 再到 100 000，其實不成比例。如果嚴格按比例作圖，這將是一條非常陡峭的曲線，頁面將無法容納（資料來源：維基百科）。

圖 1.4　1971—2011 年中央處理器上的晶體管數量和摩爾定律關係示意

延伸閱讀

晶體管的產量多過全世界的大米顆粒

　　晶體管由硅構成，相當於一個開關，通電的時候表示「1」，不通電的時候表示「0」，是電子產品最小的組織單元。一台筆記本電腦大概有 400 億個晶體管，一部智能手機約有 10 億個晶體管。晶體管行業（即半導體行業）堪稱人類歷史上最高產的行業。現在全球一年生產的晶體管比一年消耗的大米顆粒還要多：2002 年，人類生產的晶體管數量大概是大米的 40 倍，買一粒米的錢可以購買 100 個晶體管[3]；2009 年，晶體管的產量上升到大米的 250 倍，一粒大米的價錢可以購買 10 萬個晶體管[4]。

　　摩爾定律發展到今天，一根頭髮尖大小的地方，就能放上萬個晶體管。當然，晶體管不可能無限縮小，所以十幾年來，業界曾圍繞以下問題展開激烈爭論：摩爾定律所揭示的現象還會不會持續，即單位面積上的晶體管還能不能繼續增加甚至翻倍？如果能，又能持續多久？

　　2003 年，作為摩爾定律的發現者，戈登·摩爾也被問到這個問題。他認為：「創新無止境，下一個 10 年摩爾定律可能

還將有效。」

事實證明，摩爾是對的。2011 年，英特爾公司宣佈發明了 22 納米工藝的 3D（三維）晶體管，這使爭論暫時畫上了句號。此前最小的晶體管為 31 納米工藝，22 納米的晶體管小了大約 1/3。因為小，新的晶體管總是更便宜、更節能。2012 年，英特爾宣佈將投資 50 億美元在美國亞利桑那州建廠，在 2014 年投產 14 納米工藝的晶體管，這比 22 納米工藝的尺寸又縮小了 1/3。在 2019 年 1 月，英特爾又向外界展示了其首批 10 納米工藝的 Ice Lake 處理器，相當於在 1 平方毫米中塞下了 1 億個晶體管。該產品於 2019 年正式推出並供應市場。[5]

英特爾公司的發明使大部分科學家相信，晶體管的微縮至少在十年內還是會持續，摩爾定律的生命周期尚未終結。未來，1 太字節硬盤容量的價格將相當於 1 杯咖啡的價格，其價格趨勢如圖 1.5 所示。美國的國會圖書館是全世界最大的圖書館，其印刷品館藏數據量約為 15 太字節，一所普通大學的圖書館，其館藏數據量可能只有 1～2 太字節。也就是說，在不久的將來，只需花上一杯咖啡的錢，就可以把一個圖書館的全部信息拷貝進一個小小的硬盤。信息保存的過程如此方便、成本如此低廉，歷史上從來沒有過。

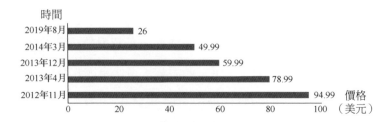

注：筆者跟蹤了亞馬遜和京東網站上希捷硬盤在不同時段的報價，2012—2019 年，1 太字節硬盤容量價格下降顯著。

圖 1.5 　1 太字節硬盤容量的價格變化

現在，摩爾定律已經成為描述一切呈指數級增長事物的代名詞，它給人類社會帶來的影響非常深遠。正是因為存儲器的價格在半個世紀之內經歷了空前的下降，人類才可能以非常低廉的成本保存海量的數據，這為大數據時代的到來鋪平了硬件道路。低價存儲器相當於物質基礎，沒有它，大數據無異於水中月、鏡中花。

延伸閱讀

摩爾定律促使硬件成為大眾消費品

摩爾定律使得硬件價格大幅下降，最終使曾經昂貴的硬件成為大眾消費品，原來高端的產品，如激光打印機、

服務器、智能手機，已經逐漸從科研機構、大型企業進入普通家庭。由於這些設備的普及，美國的一些公司甚至出現了一種新趨勢：鼓勵員工自己帶設備來上班（Bring Your Own Device，BYOD），公司只提供網絡和辦公場地，成為「輕」公司。

除了便宜、功能強大，摩爾定律也導致各種計算設備變得越來越小。這個現象在 1988 年被美國科學家馬克·韋澤（Mark Weiser）概括為「普適計算」。普適計算理論認為，計算機發明以後，將經歷三個主要階段：第一階段是主機型階段，指的是很多人共享一台大型機，一台機器就佔據半個房間；第二階段是個人計算機階段，計算機變小，人手一機，韋澤當時就處於這個時代，這似乎已經是很理想的狀態，但韋澤天才般地預見到，人手一機不是時代的終結；在第三個階段，計算機將變得很小，小得將從人們的視線中消失，人們可以在日常環境中廣泛部署各種各樣微小的計算設備，在任何時間、地點都能獲取並處理數據，計算設備最終將和環境融為一體，這個階段被稱為普適計算階段。

今天，普適計算第三階段的浪潮正向我們奔湧而來，小小的智能手機，其功能已經毫不遜色於一台計算機，各種傳感

器正越做越小，RFID（射頻識別）標籤方興未艾，可穿戴式設備又向我們走來。

　　RFID 標籤已經在零售、醫療、城市管理、動物飼養等領域得到了廣泛應用。近兩年，上海、烏鎮等地陸續展開智能垃圾桶應用，在垃圾桶內安裝 RFID 傳感器，實時感知垃圾投放數量及存放量，垃圾桶還可以自動「通知」環衛工人哪處垃圾已滿需要清理，大大提升了城市管理工作效率。RFID 也在改寫航空業。2019 年，中國東方航空針對行李托運部署了 RFID 技術，為「行李」這位「不會說話的旅客」解鎖「表達」技能。旅客通過微信小程序，即可查詢到托運行李的運輸狀態，精準鎖定位置，實時掌握動態，猶如為行李安裝了 GPS 定位系統。[6]

　　「可穿戴元年」可以追溯到谷歌眼鏡面世的 2012 年，隨後，各種智能可穿戴設備層出不窮。可穿戴式設備是指可以穿戴在身上、不影響個人活動的微型電子設備，這些設備可以記錄佩戴者的物理位置、熱量消耗、體溫、心跳、睡眠模式、步數以及健身目標等數據。2015 年亞洲杯上，中國國家足球隊身穿黑色「比基尼」訓練的新聞圖片曾一度躋身熱搜榜。其實，這件看似性感的訓練背心，就是一款名為「GPSports」的可穿戴設備，能夠對運動員的跑動距離、路線、速度、加速度

以及心率變化等參數進行採集和監測。通過對數據的對比和進一步分析，教練人員可以制訂訓練計劃，安排比賽陣容，做出臨場指揮的關鍵決策。[7]

法國的運動器材製造商 Babolat 還把傳感器安裝在了網球拍的手柄上，它可以記錄球員擊球時的狀態參數，例如正反拍、擊球點、擊球的力量、球速、球的旋轉方向等。這些數據以幾乎實時的速度傳到現場的智能手機和平板電腦上，運動員和教練可以隨時查看。

2014 年在澳網奪冠的中國網球「一姐」李娜，用的就是這個品牌的球拍。為了配合這種球拍的使用，2013 年，國際網球聯合會（International Tennis Federation，ITF）已經修改了章程，從 2014 年 1 月起，允許運動員在國際比賽中使用帶有傳感器的球拍，以記錄、分析自己的數據。在未來的比賽中，如果運動員同意，這些數據甚至可以實時出現在比賽場地的大屏幕上，供觀眾分析參考。

除了足球、網球領域，傳感器也在快速進入棒球、橄欖球等領域。美國的一些研究機構認為，美國運動產業的營收近年內會有大幅增長，主要原因就是，基於傳感器的數據收集和分析技術將改變整個產業的生態。

除了運動，可穿戴式設備還有很多其他應用，甚至連一

片小小的紙尿褲也開始了自己的智慧升級。2015 年，一個名為「貝肯熊」的國產品牌研發出一款新型智能紙尿褲，通過在紙尿褲中植入一個輕巧的濕度傳感智能硬件，連接藍牙，使之與看護者的手機綁定，一旦寶寶尿了，靈敏的智能硬件就會用鈴聲或震動的方式通知看護者。

此外，作為可穿戴式設備最經典的產品而風靡一時的谷歌眼鏡，其同類產品也在娛樂之外得到了更廣泛的應用：2018 年 2 月，鄭州鐵路警方在全國鐵路系統中率先使用了人臉比對警務眼鏡，新聞報道說這款眼鏡可以通過人臉識別，篩查出旅客中的不法分子，有效淨化列車的治安環境。[8]

普適計算的本質，是在人類生活的物理環境中廣泛部署微小的計算設備，實現無處不在的數據自動採集，這意味着人類收集數據能力的增強。在此之前，電子化的數據主要由各種信息系統產生，這些信息系統記錄的主要是商業過程中產生的數據。而傳感器的出現及其技術的成熟，使人類開始有能力大規模記錄物理世界的狀態，這種進步推動了大數據時代的到來。

1.3　社交媒體：每個人都是數據的生產者和協作者

人類數據的真正爆炸發生在社交媒體時代。

從 2004 年起，以臉譜網（Facebook）、推特（Twitter）為代表的社交媒體相繼問世，拉開了一個互聯網的嶄新時代—— Web 2.0。在此之前，互聯網的主要作用是信息的傳播和分享，其最主要的組織形式是網站，但網站是靜態的。進入 Web 2.0 時代之後，互聯網開始成為人們實時互動、交流協同的載體。

除了把交流和協同的功能推到了一個登峰造極的高度，社交媒體的另外一層重要意義就是，給全世界無數的網民提供了平台，使其隨時隨地都可以記錄自己的行為、想法，這種記錄其實就是貢獻數據。前面我們談到過，所有的數據都是人為產生的，所有的數據都是對世界的測量、記錄和計算。從 1946 年人類發明第一台計算機並進入信息時代算起，到社交媒體產生之前，主要是信息系統、傳感器在產生和收集數據，但由於社交媒體的橫空出世，人類自己也開始在互聯網上生產數據，他們發微博和微信，記錄各自的活動和行為，這部分數據也因此被稱為「行為數據」，如圖 1.6 所示。

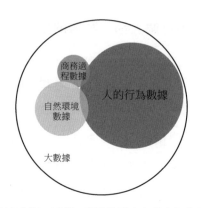

注：各類數據間存在交互、影響。商務數據中自然會包含和產生人的行為數據與自然環境數據，人的行為數據與自然環境數據也相互包含、交叉並影響。過去，是我們選擇什麼東西需要記錄，才對它進行記錄；在大數據時代，是選擇什麼東西不需要記錄，才取消對它的記錄。隨着記錄範圍不斷擴大，可以肯定，人類的數據總量還將滾雪球式地增大。

圖 1.6　各種數據的大小和種類

　　由於社交媒體的出現，全世界的網民都開始成為數據的生產者，每個網民都猶如一個信息系統、一個傳感器，不斷地製造數據。這引發了人類歷史上迄今為止最龐大的數據爆炸。

　　除了數據總量驟然增加，社交媒體還使人類的數據世界更為複雜。在大家發的微博中，你的帶圖片，他的帶視頻，大小、結構完全不一樣。因為沒有嚴整的結構，在社交媒體上產生的數據也被稱為非結構化數據。這部分數據的處理遠比處

理結構嚴整的數據困難。2019 年 3 月 15 日，新浪微博發佈的
《2018 微博用戶發展報告》顯示，截至 2018 年第四季度，新浪
微博日均文字發佈量為 1.3 億條，日均圖片發佈量 1.2 億幅，
日均視頻 / 直播發佈量 150 萬次以上。而在過去 50 年，《紐約
時報》產生的信息量總共也不過 30 億個單詞。

　　在這種前所未有的數據生產速度下，目前全世界的數據大約
75% 都是非結構化數據。今天回頭看，社交媒體的出現，給了大
數據一錘定音的力量。基於以上分析，我們也可以這樣認為：

大數據＝結構化數據＋非結構化數據

　　但我們前面談到，大數據之大，不僅在於其大容量，更
在於其大價值。價值在於使用，如同埋在地底下的石油，遠古
即已有之，人類進入石油時代，是因為掌握了開採、冶煉石油
的技術；現在進入大數據時代，最根本的原因，也是人類使用
數據的能力取得了重大突破和進步。

1.4　數據挖掘如何「點數成金」

　　數據使用能力的突破集中表現在數據挖掘上。

　　數據挖掘是指通過特定的算法對大量的數據進行自動分
析，從而揭示數據當中隱藏的規律和趨勢，即在大量的數據

中發現新知識，為決策者提供參考。數據挖掘的進步，根本原因是人類能夠不斷設計出更強大的模式識別算法[1]，這其實是軟件的進步。其中最重要的里程碑，是 1989 年美國計算機協會（Association for Computing Machinery，ACM）下屬的知識發現和數據挖掘小組（Special Interest Group on Knowledge Discovery and Data Mining，SIGKDD）舉辦了第一屆數據挖掘學術年會，出版了專門期刊，此後數據挖掘發展得如火如荼。

　　正是通過數據挖掘，近幾十年來，各大公司譜寫了不少「點數成金」的傳奇故事。例如阿里巴巴憑藉長期以來積累的用戶資金流水記錄，涉足金融領域，在幾分鐘之內就能判斷用戶的信用資質，決定是否為其發放貸款；沃爾瑪通過捆綁「啤酒和尿布」提高門店商品銷量；奈飛公司（Netflix）利用客戶的網上點擊記錄，預測其喜歡觀看的內容，實現精準營銷等。

　　近年來，數據挖掘的應用還在不斷推陳出新，有望到達一個新高度。例如，曾與我們「相看兩不厭」數千年的菜市場，正在走向發展的拐點。2019 年初，在阿里巴巴本地生活生鮮夥伴大會上，「餓了麼」提出要「改變菜市場」，建立全新的生鮮開放平台，把菜市場搬到線上，讓傳統菜市場告別

1　算法是運用數學和統計學的方法和技巧，解決某一類問題的特定步驟。

數千年單兵作戰、看天賣菜的模式，並讓平台協作賣菜成為主流。

怎麼實現協作呢？關鍵利器就是數據挖掘。傳統菜市場最大的痛點就是信息不對稱，進貨的商戶找不准市場真實需求而導致商品積存或出現質量問題。而「餓了麼」背靠阿里巴巴的海量數據資源，可以為商戶提供最精準的用戶畫像，從而指導其進貨行為。從此，菜市場的進貨行為不再隨機，決策過程被外包給了算法，由算法來決定賣什麼，這種數字化營銷讓商家與平台共振，可以激發出極大的商業價值。這種模式已經被市場所驗證：「叮咚買菜」在入駐「餓了麼」之後，2018 年全年平台單量增長 20 倍，月交易額超千萬元。[9]

還有一則關於數據挖掘的小故事。2012 年 6 月歐洲盃足球賽期間，我國出現了多篇「男人一看球，女人就網購」的相關報道[10]。報道稱，根據淘寶網的銷售數據，歐洲盃開賽以來，女性網購的成交量明顯上升，而且「網購的高峰期延時兩個小時，變成了 23 點到 24 點」。此外，在「凌晨 1 點 45 分第一場球結束到凌晨 2 點 45 分第二場球開始前」，出現了一個新的網購高峰，這個新的高峰和賽前的同時段相比，成交量「增長超過 260%」。

這個現象背後的邏輯不難理解。球賽期間，男性沉迷於

球賽，冷落了妻子（女朋友）和孩子。女性，特別是已婚女性
會覺得沮喪、惱火、失落。每天晚上球賽開始的時候，在個
體層面，每位女性都有很多選擇，她可以做家務、跟閨蜜聊
天、和母親通電話或上網購物等，其行為具有不確定性，她究
竟會做什麼，難以預測。但是，當我們把幾個電子商務平台的
交易數據一匯總、一分析，就會發現，女性群體的行為有規律
可循。隨着球賽的開始，女性在網上購物的成交量就開始增
加，其中的高檔物品也較平時明顯增多，也就是說，平時捨不
得買的東西，這時候終於出手了。在大數據時代之前，「男人
一看球，女人就網購」永遠是一個猜測，無法得到證實。但在
大數據時代，這很容易就能證實，甚至連成交的商品有什麼特
點，都可以進行分析。等到下一年球賽再開始的時候，商家的
廣告就可以更有的放矢，不僅可以把廣告對象瞄得更准，推廣
的商品也會更有針對性，猜測上升為知識，知識將創造利潤。

　　除了上述商業應用，用數據挖掘來解決社會問題，也正
變得越來越普遍。2013 年 7 月，有報道稱，華東師範大學的
一位女生收到校方的短信：「同學你好，發現你上個月餐飲消
費較少，不知是否有經濟困難？」[11] 這條溫暖的短信也要歸
功於數據挖掘：校方通過挖掘校園飯卡的消費數據，發現其每
頓的餐費都偏低，於是發出了關心的詢問。但隨後發現這是一

個美麗的錯誤——該女生其實是在減肥。可以想到，誤會之所以發生，還是因為數據不夠「大」，大數據的特點除了「量大」，還有「多源」，如果除了飯卡，還有其他來源的數據作為輔助，判斷就可能更加準確。

　　雖然數據挖掘仍如日中天，但在一定程度上，數據挖掘已經不是大數據的前沿和熱點，取而代之的是機器學習。當下興起的機器學習憑藉的也是計算機算法，但和數據挖掘相比，其算法並不是固定的，而是帶有自調適參數的，也就是說，它能夠隨着計算、挖掘次數的增多，不斷自動調整自己算法的參數，使挖掘和預測的結果更為準確，即通過給機器提供大量的數據，讓機器可以像人一樣通過學習逐步自我改善提高，這也是該技術被命名為「機器學習」的原因。

　　除了數據挖掘和機器學習，數據的分析、使用技術已經非常成熟，並且形成了一個體系。數據倉庫、聯機分析處理（OLAP）、數據可視化、內存分析都是該體系的重要組成部分，在人類數據技術的進步過程中，都扮演過重要的角色[1]。

　　回顧半個多世紀人類信息社會的歷史，正是因為晶體

1　關於人類數據分析技術的演進，有興趣的讀者請參閱本書編著者之一涂子沛所著《大數據》一書第四章「商務智能的前世今生」中的闡述。[12]

管越做越小、成本越來越低，才形成了大數據現象的物理基礎。這相當於鑄器，人類有能力製造巨鼎盛載海量的數據。1989 年興起的數據挖掘，則相當於把原油煉成石油的技術，是讓大數據產生「大價值」的關鍵，沒有技術，原油再多，我們也只能「望油興歎」。2004 年出現的社交媒體，則把全世界每個人都轉變成了潛在的數據生成器，向摩爾定律鑄成的巨鼎貢獻數據，這是「大容量」形成的主要原因，如圖 1.7 所示。

　　分析了大數據的靜態概念和動態成因，我們更清楚地理解了大數據的特點，現在可以從圖 1.8 所示的以下幾個角度來理解、定義大數據。正如前文討論的，當前人類的數據約 75%都是非結構化數據，大記錄的表現形式主要就是非結構化數

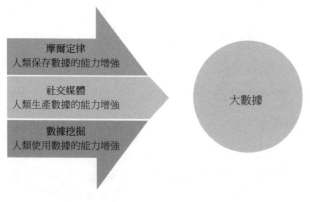

圖 1.7　大數據的三大成因

據，而大記錄、非結構化數據要體現出價值，當前主要的處理方法，還是把它們轉化為有嚴整結構的數據，即傳統的小數據。因此筆者認為，大數據的價值維度主要體現在傳統的小數據和結構化數據之上，而大數據的容量維度主要體現在現代的大記錄和非結構數據兩個方面。

　　大數據浪潮興起之後，全世界的科學家都在預測和展望——這股由信息技術掀起的新浪潮將對人類社會產生何種影響，將帶領中國和世界走向何方？在下面幾章中，我們選幾個側面來嘗試剖析。

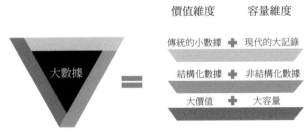

圖 1.8　大數據的概念和維度

第二章

數字治理：用大數據提升政府管理與公共服務水平

要建立健全大數據輔助科學決策和社會治理的機制，推進政府管理和社會治理模式創新，實現政府決策科學化、社會治理精準化、公共服務高效化。

——習近平總書記在中共中央政治局
第二次集體學習時的講話 [13]

2016 年以前，浙江居民辦理二手房買賣登記，要到國土、住建、稅務 3 個部門提交 3 套材料，再回家等上一段時間；而現在只要跑 1 個窗口，提供 1 套材料，1 小時便能辦妥。辦一本不動產證，原來有 15 個環節，要多次取號排隊。如今，15 個環節被整合為 3 個，實現「一次取號、一窗受理」[14]。浙江的「最多跑一次」改革，使群眾得到了實實在在的便捷和幸福感。

「最多跑一次」改革的本質，不是簡單地把多個政府部門的窗口在實體意義上集中到一起，而是一次政府部門的自我革命。其中，組織架構變革與行政流程再造是基本保障，打破數據孤島、完善數據治理是關鍵環節。

然而，「最多跑一次」改革只是公共服務改革的起點而遠非終點。大數據助力國家治理體系和治理能力現代化、滿足人民日益增長的美好生活需要，還有着廣闊的發展空間。

2.1　從「告別奇葩證明」到「告別證明」

曾幾何時，關於「奇葩證明」「循環證明」「重複證明」的現象屢屢見諸報端。例如有公眾在辦理房產繼承時，被要求提供已去世親人的死亡證明；有老人在領取養老保險金時，被要求證明自己還活着。國務院總理李克強在 2015 年 5 月的國

務院常務會議上對這一現象提出了批評。老百姓的這些信息其實都掌握在政府手裏，為什麼到政府機構辦事，還需要他們自己去一個個政府部門開證明呢？

「奇葩證明」背後的原因是我國一些政府部門掌握的數據還沒有實現跨地區、跨部門共享。數據不跑腿，就只能群眾和企業多跑腿，還給證明材料造假留下了空間。互聯網和大數據時代的到來為解決這一問題提供了契機。

2019 年，浙江省金華市在全國地級市中率先開展「無證明城市」創建工作，宣佈在全市範圍內，政府機關和公共事業單位不得要求群眾和企業提供由第三方權威部門出具的任何形式的證明材料，圖 2.1 形象地展現了政府的決心。短短幾個月時間，金華「無證明城市」創建工作已經取得了喜人的成果。職工收入證明、住房情況查詢記錄、提取公積金的直系親屬證明和高層次人才享受購房貸款優惠政策所需的引進人才證明等涉及公積金業務的 18 項證明事項已全部取消，全市範圍內已經實現「無證明」辦理公積金業務。外地戶口的居民在金華辦理居住證，原來要先到社保部門開具 6 個月以上的社保繳納證明，再帶着這份證明以及身份證、租房協議等到派出所申請辦證；而現在，通過數據共享，工作人員可以直接查詢社保信息，無須申請人再提供證明 [15]。

圖 2.1　創建「無證明城市」（郭德鑫／人民圖片）

「無證明城市」改革是公共服務便民化的有益嘗試，但是，對於那些需要外地政府部門開具的證明，本地政府部門就無力完成了。例如，很多職業從業資格都要求有「無犯罪記錄證明」，但各地公安部門開具的「無犯罪記錄證明」只能證明在本轄區內無犯罪記錄，外地來的辦事人就不得不跑回原籍所在地開證明。因為跨地區的數據不能「跑腿」，老百姓跑了多少冤枉路呢？

乘着長三角一體化發展上升為國家戰略的東風，長三角各省（區、市）的政府數據跨地區、跨部門共享也在加快推

進。2018 年 1 月 24 日，在上海市政協第十三屆委員會第一次會議上，上海市委領導圍繞推動長三角一體化發展要怎麼看、怎麼幹、近期做些什麼這 3 個方面，指出長三角要加強路網互通、信息互通，推動實現數據共享開放 [16]。同年 6 月 11 日，上海市委領導在接受《解放日報》《文匯報》等媒體聯合採訪時，又進一步提出計劃打造「一個庫」，將聯合建設長三角數據中心，把數據格式、口徑、目錄、接口等都統一起來，讓數據資源更管用。一方面，要抓緊推動基礎數據庫的建設，把各自的政務數據、行業數據、社會數據統一按標準進庫；另一方面，依托統一的數據共享平台，實現跨部門、跨省市共享應用 [17]。

　　大數據時代的政府組織架構變革與行政流程再造，最終目標和理想狀態是建立一個整體性的政府。消除「奇葩證明」「循環證明」「重複證明」是邁向整體性政府的第一步。在整體性政府中，各地區各部門的行政目標和手段不僅相互一致，而且還能相互增強。政府各部門圍繞公民需求，通過整體性的組織和流程設置、整體性的財政管理、整體性的技術支撐以及相互信任負責的文化，構成一個無縫銜接的政府。

　　到那時，連很多公務員都說不清楚的政府部門之間的分工，老百姓不需要去研究；各個單位大門朝哪兒開、領導是

誰、辦事找誰好使，老百姓也不需要打聽；甚至行政服務大廳，老百姓都不必往那兒跑。只要拿出手機點幾下，或者走幾步去街道社區轉一圈，就可以輕鬆把事辦完。正如學者項靖等所言，「節省民眾與政府的接觸和業務申辦上所須耗費的時間與精力，實現民眾心中所追求的『小事無憂、大事不愁』的安居樂業願景，才是電子政務能夠帶給民眾的最大與終極價值」。

2.2 「12345」數據讓城市更美好

近年來，以「12345」為代表的政務熱線在經歷了多年的整合和標準化建設後，已逐步成為公眾諮詢投訴和獲取服務的重要渠道。更重要的是，各地政務熱線積累的海量數據具有數據量大、真實性高、覆蓋面廣、時效性強等優勢，可以幫助政府部門更好地了解公眾的需求和城市治理中存在的問題，從而增強公共服務的精準性，也為提升政府自身的精細化管理水平提供了有力支持[18]。

據中山大學數字治理研究中心主任鄭躍平介紹，廣州市政務熱線利用過去幾年間的公眾諮詢投訴數據，通過大數據分析來對未來三年的話務量進行預測，從而更好地估算人力、場地、系統開發等方面的需求和成本，以此來提升資源配置的效

率。這些數據也被用來進行熱線工作人員的績效評估，從而實現服務質量的持續提高。與此同時，通過與環保、城管等部門的數據共享和協同，政務熱線還幫助這些部門推動污染、噪聲、違建等多方面問題的解決。中山市還通過對政務熱線積累的消費維權數據進行分析，來更好地識別不同區域、街道、商場等存在的假冒偽劣產品或售後服務問題，以及這些問題近年來新的變化趨勢。這些數據分析可以幫助市場監管部門準確進行問題識別和分類，從而提升監管的精準性和有效性。

更進一步地，政務熱線的數據不僅可以在政府內部使用，還可以在脫敏後向社會開放，讓各種社會主體一起來挖掘數據價值。在這方面，國際上已有不少嘗試值得我們參考借鑒。例如，在紐約，人們在城市的公園和步道上發現狗糞時可以撥打「311」熱線投訴，而這些投訴數據向社會開放後，數據科學家把狗糞投訴數據和紐約自行車道路數據、城市自行車站位置數據、允許設立戶外座位的餐館的營業執照數據以及街道樹木普查數據進行融合分析，發現了紐約市最適合夏季外出遊玩的地點。

當前，政務熱線正邁向智能化的新階段。大數據和人工智能時代的政務熱線已不僅僅是傳統的熱線呼叫中心，更成為城市數據中心和智能化服務平台——通過熱線大數據的挖掘

來有效識別公共需求及城市問題，從而支撐政府決策和城市治理走向科學化和精準化[19]。同時，政務熱線數據的開放也帶來了政府、企業與市民共同解決城市公共問題的新機遇，讓每一位市民都能夠貢獻智慧，從而讓我們的城市生活更加美好。

2.3　大數據辨識真假「鬼城」

2010 年，一篇報道將內蒙古自治區鄂爾多斯市康巴什新區稱為「鬼城」。之後，關於中國多地超前建設成為「鬼城」的報道此起彼伏。然而，上述報道是真實的，還是有誇大或不實成分？這既難以證實也難以證偽。例如，有媒體報道，山東乳山市的住房空置情況嚴重；而也有媒體報道，乳山市居民數量增加，已經摘掉了「鬼城」的帽子。還有些城市由於近年來旅遊業發展迅速，為了滿足遊客的需求，興建了很多度假小區。這些小區在旅遊旺季時居民會增多，而在淡季時居民就會減少，變成了所謂的「鬼城」，其實這類人流潮汐現象也屬正常。而上面這些討論都指向了一個問題：「鬼城」的真實情況到底如何？

我國數據科學家吳海山的團隊通過分析智能手機定位數據，首次對我國的「鬼城」進行了量化研究，監測到 20 個城

市住宅空置率比較高的區域，並將因旅遊度假的季節性因素造成的住宅空置和真正的「鬼城」進行了區分。研究發現，一些被媒體炒作為「鬼城」代表的城市新區入住率已經顯著提升，而一些地方的老城區以及轉型中的資源城市則出現了較多的住房空置現象。例如，最早被報道的鄂爾多斯市康巴什新區已經不是「鬼城」，而鄂爾多斯舊城區東勝區的人口流失反而更為嚴重。類似的情況還出現在天津，很多人認為只有天津濱海新區是「鬼城」，但經數據分析發現，位置並不偏僻、擁有學區房與地鐵站的津南區，其住房空置情況也比較嚴重。另外，轉型中的資源型城市山東東營和內蒙古通遼科爾沁區，也出現了較多的住房空置的情況[20]。著名人工智能科學家吳恩達（Andrew Ng）對此評論道：「是時候讓機器學習來實現數據驅動城市規劃了。」

國務院總理李克強指出，「推進城鎮化，核心是人的城鎮化，關鍵是提高城鎮化質量，目的是造福百姓和富裕農民」[1]。人是一切社會經濟活動的主體，推進新型城鎮化不應是一場「造城運動」，而應該把出發點和落腳點都放在「人」上。上

---

1 來自 2013 年 1 月 15 日國務院總理李克強到國家糧食局科學研究院考察調研時的講話。

面這個基於移動互聯網和大數據技術的分析給圍繞「人」的調查研究提供了新的思路。

大數據讓政府決策從經驗驅動轉向數據驅動。展望未來，通過系統採集客觀數據，充分利用數字化關聯分析、數學建模、虛擬仿真及人工智能等技術，對海量數據進行模塊化分析和政策模擬，將為政策規劃和決策提供更加精確的依據，為政策實施提供更為全面、可靠的實時跟蹤，為政策效果的評估提供更加科學全面的方法。無論是對人口、交通、資源環境等領域開展動態監測、安全預警，還是為宏觀經濟領域轉變發展方式的決策規劃提供數據支持，大數據都擁有巨大的應用潛力。

開展數據關聯分析和應用的前提是跨部門數據共享和數據治理。政府數據如果分割在一個個孤島之中，既不能開展大數據分析、形成整體合力，也不利於集約化管理和降低成本，還容易產生嚴重的安全隱患。近年來，國務院大力推動政務信息系統整合共享取得了積極成效，「各自為政、條塊分割、煙囪林立、信息孤島」的問題得到了明顯改善。

然而，要真正實現政府數據整合共享，還需超越「為共享而共享」的思路，站在數據治理的高度來審視、規劃和推動數據共享工作。第一，要推進數據治理法律法規建設，營造

「依法治數」的良好環境。第二，要健全數據治理組織架構，完善數據治理管理機制。第三，強化數據資源管理體系，全面提升數據治理能力，這涉及數據質量、數據安全、數據標準、數據架構、元數據管理和數據全生命周期管理等內容。第四，加快數據共享開放步伐，建設數據利用生態體系，吸引社會各方基於城市的實際需求和應用場景對開放數據進行融合利用，創造社會經濟價值，並形成正向反饋，進一步推動政府數據治理和數據共享開放，構建起一個動態循環的開放數據生態系統[21]。

2.4 「數據鐵籠」讓權力不再「任性」

「大數據監督平台已經成為不能腐的利器」，「信仰是不是淡化了，思想是不是放鬆了，情趣是不是低級了，工作是不是鬆懈了，都能通過大數據找到蛛絲馬跡」。2019 年 5 月初，隨着一則「大數據反腐系統在偏遠地區因運行效率太高被關閉」的消息在網上流傳，負責這一項目的中科院計算技術研究所方金雲博士從幕後走到了台前，斥消息為不實報道。這一面向紀檢監察系統的試驗始於湖南省麻陽縣，目前已在全國 30 多個縣（市、區）應用[22]。

「要不是這個系統，錢被人冒領了這麼多年，肯定還蒙在鼓裏，從今以後不怕被人忽悠了！」一位村民登錄民生資金監督系統，發現自己在 2014 年領取了 8 000 元的救災資金，跟實際領取金額有差距，於是在系統上舉報。有關部門調查後發現，村支書私自截留了村民的救災資金。另一位村民在村裏的民生監督終端機上查詢自家的養老保險金，竟發現已經去世兩年的母親仍在按時領錢。很快，村社保協管員冒領他人養老金一事被曝光並查處。無獨有偶，某市衛生部門一個月內的辦公用品採購花費超過了 15 萬元，然後系統自動發出了預警，之後紀委跟進核查，發現了部門領導用辦公用品發票報銷採購酒水費用的違規行為。

為了強化對政府自身的監督，貴州省打造了「數據鐵籠」，省紀委監委引入公職人員的個人信息、工商數據、死亡數據、房產信息、車輛信息、大病醫療異常分析等 10 個比對模型，並打通與民政、人社、住建、衛計、移民等主管部門的數據共享壁壘，通過數據比對快速發現和處置問題，實現對涉及民生項目的公職人員不間斷監督。省財政廳建立了預算執行動態監控系統，設置了「向洗浴中心、高爾夫球場等特殊收款人轉款」的事前禁止、「公務卡向特殊收款人轉款」的事中攔截、「行政事業公務接待費」等支出事後預警等紀律監督規

則，一旦出現不合規的「三公」經費支出行為，系統能提前制止或及時攔截。系統運行以來，已完成 1 137 條事前禁止、事中攔截、事後預警數據，涉及金額達 1 558.4 萬元 [23]。2015 年 2 月，國務院總理李克強曾考察北京·貴陽大數據應用展示中心，詳細了解貴陽利用執法記錄儀和大數據雲平台監督執法權力情況。李克強說，把執法權力關進「數據鐵籠」，讓失信市場行為無處遁形，權力運行處處留痕，為政府決策提供第一手科學依據，實現「人在幹、雲在算」[24]。

　　大數據為完善政府自身管理提供了新的手段。在大數據、雲計算和移動互聯網等技術的輔助之下，實現權力運行全程規範化、數字化，處處留痕跡。特別是對於行政執法、行政審批等違法違紀多發環節，通過數據挖掘可以及時發現和處理各類不作為、亂作為及腐敗行為，變人力監督為數據監督、變事後監督為過程監督、變個體監督為整體監督，大大壓縮了權力尋租空間。同時，將監督前置也有利於在公職人員違法違紀「疾在腠理」之時及時提醒和糾正，防止小錯積累成大錯，也是對公職人員的一種保護。

　　值得注意的是，數據在政府自身管理中的運用並不能孤立存在，只有把它與制度、組織、文化等方面的變革結合起來，才能真正發揮潛力。只有在制定好權力清單、責任清

單、負面清單的基礎上，才能將權力運行流程和環節細化、固化和數據化。只有針對權力運行的流程建立起完善的風險評估機制，才能在技術的輔助下及時預警和發現行政不作為、亂作為等行為。技術再先進，最終還是要靠人來執行。切實增強制度執行力，才能讓「數據鐵籠」和「制度鐵籠」緊密結合，產生「1+1 > 2」的威力。

2.5 「Gov Store」：開放數據，建立生態

數據是國家的戰略性資源，國家大量基礎性、關鍵性的數據掌握在政府手中。這些數據是社會的公共資源，在保障國家機密、商業祕密和個人隱私的前提下，將政府數據最大限度地開放出來，讓社會進行充分融合和利用，有利於釋放數據能量，激發創新活力，創造公共價值。

到 2020 年，聯合國 193 個成員國中已有 153 個國家提供了政府數據開放目錄，與 2014 年相比增加了一倍多 [25]。我國國家層面的政府數據開放平台也正處於緊鑼密鼓的建設之中。而作為「改革開放排頭兵」和「創新發展先行者」[26]，近年來上海市的政府數據開放工作取得了顯著的成效。2012年 6 月，我國內地首個地方政府數據開放平台──「上海市

政府數據服務網」上線運行，如圖 2.2 所示。該平台由上海市政府辦公廳和市經濟信息化委員會牽頭，市公安局、市工商局、市交通委等 9 家試點單位參與。網站上線後引起了不小的反響，運行首月訪問量就達到 35 萬人次。截至 2019 年 5 月，上海市政府數據服務網已開放了 45 個政府部門的 2 000 多個數據資源，網站訪問量超過 170 萬次。在「2019 中國開放數林指數」的省級平台排名中，「上海市政府數據服務網」名列第一[27]。

圖 2.2　上海市政府數據開放平台——「上海市政府
　　　　數據服務網」官網首頁截圖

政府數據開放的根本目的在於推動數據利用。上海市在建設和優化數據開放平台的同時，大力推進開放數據的社會化利用，培育政府數據開放的生態系統。為此，上海開放數據創新應用大賽應運而生。大賽的簡稱「SODA」剛好與蘇打水的英文拼寫不謀而合，「政府和公共部門手中蘊藏着大量與城市生活息息相關的數據，這些數據就像封裝在玻璃瓶裏的蘇打水，看上去安靜平穩，悄無聲息，但只要一打開瓶蓋，就能瞬間迸發出無窮的能量」[28]。

SODA 大賽從 2015 年起連續舉辦，大賽以政府數據開放集聚社會智慧，釋放開放數據能量。在歷屆 SODA 大賽上，政府多部門聯合開放了大量高質量的數據，吸引了眾多參賽者提交創意方案，取得了很好的效果和良好的影響。2015 年的 SODA 大賽以「城市交通」為主題，開放了城市道路交通指數、地鐵運行數據、一卡通乘客刷卡數據、浦東公交車實時數據、強生出租車行車數據、空氣質量狀況、氣象數據、道路事故數據、高架匝道數據、新浪微博數據等 10 類數據集。數據以可機讀格式開放，數據總量共約 1 太字節，其中大部分數據集在國內屬首次開放。大賽面向全球徵集改善城市交通、便利市民出行、創新商業模式的解決方案，最終吸引了近 3 000 人參賽，選手們提交了涉及交通綜合分析、公交優化、出行規

劃、綠色出行、交通金融（保險）模型等主題的總計 505 個創意方案，包括出行計劃、出租車合乘、地鐵運營優化、智能抑塵、騎行生活等應用。

政府數據開放之後，可以通過眾包眾創的方式來解決公共問題，還有很多來自國外的新思路、新點子可供參考。例如，波士頓的消防栓在冬天經常被大雪掩埋，很容易耽誤火災救援。為了解決這個問題，一個程序員自發建立的組織利用波士頓市政府開放的消防栓位置數據，開發了一個名為「領養消防栓」的小遊戲。在大雪後第一個把某個消防栓挖出來的人，就可以「領養」這個消防栓，並用自己喜歡的名字給消防栓命名[29]。波士頓市民特別是小朋友們對領養消防栓樂此不疲。即便有些消防栓沒人領養，市政部門也很容易從地圖上發現，從而及時組織人員處理。

通過開放數據，政府部門不必再自己提供全部的公共服務，而是可以通過與數據利用者的合作來提供公共服務，在解決問題和創造價值的同時還節約了費用。過去政府提供公共服務的方式就像一台「自動售貨機」，公眾投錢、政府建設。雖然政府投入了大量人力、物力和財力，但服務數量和質量卻不盡如人意，甚至還經常卡殼。而蘋果公司的移動應用商店 App Store 上有幾百萬個應用供用戶下載，但它們絕大

多數都不是蘋果公司自己開發的。蘋果公司所做的是搭建平台和維護秩序。

同理，政府部門通過開放數據，也可以建立起一個政府應用的生態系統「Gov Store」，讓企業、社會組織和公民個人等各種社會主體在平台上利用政府開放數據來進行創新應用[28]。正如「Web 2.0」和「政府即平台」概念的首創者蒂姆‧奧萊利（Tim O'Reilly）所言，在互聯網時代，「市民從沒像今天這樣互相連接起來，並具備技能和熱情來解決他們遇到的問題」，政府應該建立一個開放的平台讓政府內外部的人都能進行創新，從而打造一個「集市」，讓社區成員互相交換商品和服務。

政府數據開放是公共服務合作眾創的基礎。但是數據並不能為了開放而開放，而是要為了進一步推動「治理」回歸本源。「治理是各種公共的或私有的個人和機構管理其共同事務的諸多方式的總和。它是使相互衝突的或不同的利益得以調和並且採取聯合行動的持續的過程。」[30] 治理過程的基礎不是控制，而是協調；不是統治，而是協作。由此不斷推進國家治理體系和治理能力的現代化，滿足人民日益增長的美好生活需要，提升我國在全球的競爭力和吸引力。

2.6　數據跑不到的地方，用溫情來彌補

　　大數據在公共管理和服務中能夠發揮巨大的作用。但我們也要避免「為了創新而創新」，只去追求表面上的新鮮炫麗；避免「言必稱數據」導致下屬忙於統計數據，卻忽略了提升工作實效；避免只忙於囤積數據，卻疏於數據治理，導致過時、錯誤的數據得不到有效治理；避免只重視數據中心的建設，卻忽視大數據實際應用的落地。

　　大數據能夠助力公共服務的便捷化、精準化和個性化已成為共識，這一轉變固然離不開數據的支持，但更重要的是從供給導向到需求導向、從管理導向到服務導向的意識轉變，防止「數據迷信」和「技術迷信」。畢竟，再先進的技術也改變不了不合理的工作流程和落後的服務理念。

　　除了數據，政府公共管理和服務的改進和完善還需要政府部門增強服務意識、創新方式方法、主動靠前服務。而且，數據也不是萬能的，不是所有證明都可以藉助數據共享取消的。例如前面提到的金華市「無證明城市」創建工作中，群眾辦理危舊房拆後重建，原本需要提供舊房已經拆除的證明，現在改成由駐村幹部上門核查。在暫時無法依靠數據「跑腿」的情況下，把「群眾跑腿」變成「幹部跑腿」，體現了政

府為民服務的意識。

2017年，東南大學研究生創新團隊針對留守兒童問題研發的數據可視化平台，在一場大數據競賽中獲得最佳設計獎。該平台用數據可視化的方式展現各地區留守兒童的健康、教育、安全等情況，並且能夠針對各村留守兒童管理狀況進行綜合評判和打分。該平台還能計算出設置留守兒童關愛站的最佳地理位置，方便政府部門更精準高效地服務留守兒童[31]。當這一平台把各種數據分析結果呈現在政府部門工作人員眼前的時候，更重要的就是「幹部跑腿」，把政府和社會的關愛送到每一戶留守兒童家庭，才能避免數據空跑、系統空轉。

「桃花潭水深千尺，不及汪倫送我情。」人與人之間面對面的感知互動，有時勝過千萬條數據。數據跑不到的地方，用溫情來彌補。政府公共服務面對的對象是人，在後台數據的支持下，還需要依靠熱心腸的前台政府工作人員提供熱心、周到、細緻的服務，才能讓群眾真正感受到「春天般的溫暖」。

「凡是有甜美的鳥歌唱的地方，也都有毒蛇嘶嘶地叫」（托馬斯・哈代）。數據不僅有跑不到的地方，還有防不勝防的漏洞。近年來，國內外公共部門的數據泄露事件屢屢曝光。2016年舉國震驚的「徐玉玉被電信詐騙案」，就是由於教育部門掌

握的高考學生數據被犯罪分子非法獲取。我國於 2019 年實施了新的《中華人民共和國個人所得稅法》。在國稅總局的個人所得稅 App 上線僅一天後，安全人員就檢測到 62 例偽裝木馬樣本，試圖盜竊公眾的個人數據。利用大數據改進公共服務與保護公民的數據安全和隱私，二者不可偏廢。大數據時代的政府管理和公共服務，是用戶導向的價值追求和效率提升的效用追求的融合，數據的力量為治理的每一個環節賦能，在制度、組織、文化等各方面全面提升的配合下，對內整合再造，對外連通開放，將更好地造福社會、造福人民。

第三章

變革時空：
數據再造出行與物流

預測給我們知識，而知識賦予我們智慧和洞見。

———傑克·萊維斯 [32]

　　春運，人類最大規模的周期性遷徙活動，浩浩蕩蕩的人潮在全國各地圍繞一個寓意為團聚的節日而奔湧、匯聚、分離。人群搭載何車來？人潮欲往何處去？何處是起點，何方作中途，何地為歸程？這一切的一切，都可以在大數據描繪的春運畫像中一探究竟。

　　最新的春運大數據顯示，從「看父母」轉變為「接父母」已成為春節闔家團圓的新趨勢。一改以往節前從沿海到內地、從城市到鄉村，節後再回沿海城市的移動軌跡，「反向春運」成為越來越多中國人過年的新選擇。

　　2019 年 1 月 23 日，在廣東佛山打工的孫先生和妻子懷着急切的心情趕往廣州南站，去迎接睽違已久的母親和兒子。而此時坐在 G825 列車上從長沙去往廣州南站的孫母，正帶着孫子滿心歡喜地望着列車兩邊不斷變換的景色。等待他們的除了在出站口翹首以盼的親人，還有初到廣東的新鮮感。「現在生活好了，與其讓兒子兒媳回湖南老家過年，不如我帶着孫子來佛山過年方便。」孫母說道[33]。

　　2019 年 1 月 24 日，在開往福州的 G1755 次列車上，乘務員和「小候鳥」做起了遊戲。春運期間，大批務工人員子女隨長輩踏上與父母團聚的旅途，南鐵福州客運段提前對重點線路乘務組進行兒童陪護培訓，在列車上準備了書本和玩具，用愛

心護航「小候鳥」的團圓路。

　　在 2019 年的春運遷徙人流中，有着無數位像孫母一樣的旅客，讓春運的方向更加多樣化。隨着高鐵網絡在中國的飛速延伸，鐵路已經成為越來越多人春節團聚的出行方式，而既能避開擁擠的春運高峰，又能夠與家人相聚的「反向團圓」也受到越來越多人的歡迎。將遠在家鄉的父母和孩子接來自己工作的城市過年，節後再送他們返鄉，成為不少在都市打拼的「80後」「90 後」陪伴親人過年的方式。數據顯示，2019 年春運期間，全國旅客發送量達 29.8 億人次，總量與 2018 年相差無幾，但運輸結構已悄然改變，其中鐵路客運約 4.1 億人次，比2018 年增長 6.7%，而公路客運約 24.6 億人次，下降了 0.8%。在春運目的地方面，節前反向客流增長明顯，各熱門出行方向的反向客流合計增幅為 7.4%。而原來一遇春節就出現人口淨流出的北上廣深等大城市，在 2019 年悄然成為春節的熱門目的地 [34]。圖 3.1 所示為 2019 年春節後，中鐵西安局動車組機械師檢查動車，保障春運下半程的安全。

　　春運的每時每刻都在產生着數據，而大數據技術則讓分散於各處的春運數據得以匯聚，令其能夠為人所用，從而用虛擬的時空維度照亮現實世界。大數據技術可以挖掘、處理和分析現實世界運行所產生的海量數據，通過與物聯網、人工智能

圖 3.1

春節後，中鐵西安
局動車組機械師們
仍堅守崗位

（王曙天／人民圖片）

等技術的結合，以數據化的方式映射實體世界，讓現實更加清
晰可知，讓信息在時間與空間中的流動更加及時明了，讓人類
生活變得更易預測，從而帶來更智能化的互聯互通。

3.1　城市「數腦」：改善交通擁堵的新方案

杭州的「堵城」之困

　　2016 年 10 月 13 日，在雲棲大會的開幕儀式上，杭州市
政府向全球宣佈啟動杭州「城市數據大腦」建設，意在為杭州
這座千年之都安裝上新的智能中樞。杭州「城市數據大腦」打
響的第一戰就將劍鋒直指城市擁堵問題。

　　為什麼杭州「城市數據大腦」將首個攻略對象選為交通

擁堵呢？因為杭州實在是太堵了，交通擁堵問題已經成為不得
不解決的城市難題！

　　荷蘭導航、交通和地圖產品提供商 TomTom 每年都會
依據其 GPS 模塊上傳的數據對全球主要城市的道路擁堵情
況進行排名，在其 2017 年發佈的全球交通指數報告（基於
TomTom 2016 年的數據庫）中，杭州在全球最擁堵城市中排
名第 16，是我國長三角地區最擁堵的城市。該報告顯示 2016
年杭州擁堵指數高達 43%[1]，比 2015 年上升了 5%，也就是說如
果一個普通杭州市民平時從家裏到公司的路程是 1 小時，遇上
交通擁堵，他就需要多花 25 分鐘以上才能到達。而在這被擁
堵搶走的 25 分鐘時間內，他本來可以和家人更安心地吃一頓
溫暖的早飯，或者帶着寵物在小區裏慢慢地溜一圈。

　　據統計，擁堵導致杭州整個城市平均每人每天需要多耗
費 38 分鐘的時間，每年的額外耗時則高達 144 小時。這意味
着這座城市的每一個人都被擁堵「掠奪」了時間，上班族們增
加的通勤時間擠壓着他們的休息自由，運輸公司在路上增加的
耗費侵蝕着效率和利潤，帶着憧憬來杭州的遊客們因為不順暢
的通行影響着心情和體驗……「擁堵」造成的社會經濟損失是

1　TomTom 擁堵指數（TomTom Congest Index，簡稱 CI）。

難以估量的！

　　不順暢的交通狀況已經成為限制城市發展的瓶頸之一，緩解交通擁堵勢在必行，而大數據則為杭州提供了全新的解決方案。

城市「數腦」打響治「堵」之戰

　　你有沒有遇到過這樣的情況：一個漫長的紅燈過了，車開不了幾分鐘，前面又出現紅燈，而漫長的紅燈下沒有任何行人與車輛通過，紅燈對面卻堵着長長的車流，所有人都在焦急地等待着綠燈放行……相信很多人都遇到過不合理的紅綠燈規劃所導致的時間浪費，杭州城市數據大腦 1.0 就將目標鎖定在紅綠燈上。

　　杭州的「城市數據大腦」是一個按照城市學「城市生命體」理論和「互聯網＋現代治理」思維，整合匯集來自政府、企業和社會的數據資源作為智慧之源，以大數據、雲計算、人工智能等前沿科技構建的平台型人工智能中樞。作為城市的智慧「大腦」，它具有公共資源配置優化、宏觀決策指揮、事件預測預警和「城市病」治理等功能 [35]。

　　在 2017 年 10 月的雲棲大會上，杭州正式發佈了數據大腦交通系統 V1.0，它具有智能路況感知、智能「堵」情判定、智

能事件巡查、智能配時優化和智能輔助等功能。城市數據大腦交通系統 V1.0 通過遍佈主要交通路口的智能攝像頭來實時採集流量、車速等交通數據，並利用這些數據構建虛擬化的杭州城模型，分析關聯道路的實時車流量情況，提前預判可能的交通情況，以秒級速度分析設計出路口信號燈時長的最優方案，更智能化地調節交通燈的設置與時長。

杭州城市數據大腦交通系統 V1.0 接管了 128 個信號燈路口，覆蓋杭州主城區莫干山路區域等路面主幹道和南北城區的中河—上塘高架等快速路，同時服務蕭山城區。在主城區，城市數據大腦調控着的莫干山路區域的 24 個紅綠燈，車輛平均通行時間減少了 8.5%；在試點的總長為 22 千米的中河—上塘高架，車輛通行平均延誤時間縮短了 15.3%；在蕭山，城市數據大腦調控 104 個路口信號燈，覆蓋市心路、育東路、北山南路在內 5 平方千米的區域，車輛通行速度平均提升了 15% [36]。這些數據背後蘊含着什麼樣的價值呢？

以中河—上塘高架為例，這是杭州目前最擁堵的高架路段之一，智能紅綠燈調節可以幫助每輛車平均節約 4.6 分鐘的通行時間。可不要小看這短短的 4.6 分鐘，如果每個人的通行時間都能節約 4.6 分鐘，那麼整個城市的交通成本將大大減少！可以說大數據方案在杭州首次「迎戰」交通擁堵，就取得

了立稈見影的效果。

城市來來往往的車輛中，有一些車輛對速度和時間更加敏感，因為它們背負着守護生命安全等重任，比如救護車、警車、消防車、工程搶險車等應急車輛，尤其是救護車，每一分每一秒都關係着患者的生命。杭州的城市數據大腦也將關注點放在了這些特種車輛上，在全國率先實現了特種車輛的優先調度，大大提升了應急事件處理效率。

2017 年 10 月 9 日上午，一場救護車演練在蕭山區開展。在杭州蕭山區市心南路附近待命的救護車司機倪師傅接到 7 千米外的求救電話，他沿着路一直往北開，途中經過 21 個紅綠燈路口，幾乎一路綠燈到達求助點，平均速度達到每小時 36 千米，一共節約了 14 分鐘的時間 [37]。可別小看這不長的 14 分鐘，要知道心臟驟停 4 分鐘內進行心肺復甦的救治成功率可達 50%，而超過這一時間被救活的希望就很渺茫，因此這短短的 14 分鐘可以給病患更多的生存機會，很可能拯救無數個家庭！

那麼救護車是如何實現一路綠燈暢行的呢？城市數據大腦可以給我們答案。基於起點和終點，城市數據大腦自動規劃出了一條救護車最優路徑，全程約 7 千米，並將路線發送到救護車司機的手機端上為其提供導航。緊接着，城市大腦會自動

根據對救護車的 GPS 跟蹤以及這條路線上的交通實時情況反饋，對沿線信號燈進行提前調配。

在這場救護車演練中，為了避免救護車堵在紅燈路口或者遇上堵車，城市數據大腦進行了一系列精密的計算。為了保證救護車開到時，前方通行車輛已經駛離道路，從接收到救護車求助信息的那一刻開始，城市數據大腦就已經開始了秒級的分析計算，精細到沿途路口什麼時候開綠燈、開哪個路口的綠燈等。

城市數據大腦將沿途交通攝像頭拍攝到的視頻自動轉化為數據，採集鄰近路口車輛排隊長短的數據，計算出多久可以將車流排空，為救護車留出通道；並根據計算出的結果，自動調節交通信號燈，保證在救護車經過路口時，信號燈是綠燈，且前方沒有排隊的車輛。同時，監控視頻會根據救護車 GPS 定位，實時跟蹤其行駛情況，幫助交警把控急救的實時進展，應對緊急情況[36]。圖 3.2 所示為杭州城市數據大腦交通系統 V2.0 版控制中心大屏幕。

城市數據大腦交通系統的 V2.0 版在原有特種車輛優先調度的基礎上進一步升級，設立了針對消防車、救護車等救援車輛的「一鍵護航」功能，構建更高效的救援快速通道。

此外，城市數據大腦交通系統 V2.0 還計劃在 2022 年覆蓋

杭州全市域，實現縣（市）共聯，同時將支持街道級的交通
應用。相比 V1.0 版，V2.0 版對城市交通的感知更加精細、實
時，它將城市視為一個「生命體」，像 CT 一樣對車速、流量、
擁堵指數、延誤指數等生命指標進行全面掃描感知，以量化數
據形式精準刻畫出實時、全局的城市交通態勢。而且 V2.0 版
的城市數據大腦交通系統更加包容開放，它以互聯網地圖、
相關政務 App、廣播電台等為媒介，第一時間發佈城市交通狀
態、路況信息和管控措施等，司機等交通參與者也可以通過相
應的政務 App 與城市大腦即時互動。這讓每一個市民都有機
會成為「城市數據大腦」的智慧細胞，實現城市智慧化升級的
共治共享 [38]。

　　以交通大數據和分析技術為支撐的城市數據大腦交通系

圖 3.2
杭州城市數據大腦
交通系統 V2.0 控
制中心大屏幕
（圖片來源：杭州市
公安局官網）

統，對於杭州交通擁堵的緩解有着十分顯著的作用。在 2016
年的《中國主要城市交通分析報告》[39] 中，杭州在年度擁堵
榜單中位列全國第 8 位，是長三角地區第一擁堵城市；在引入
城市數據大腦交通系統後的 2017 年，杭州排名大幅下降至第
48 位；到 2018 年，杭州的排名繼續下降至第 57 位，尤其是早
晚高峰擁堵的情況改善明顯，民眾的行車速度有效提升，杭州
成功擺脫「長三角第一堵城」之名。

　　交通情況的改善與每一個人都息息相關，它意味着我們
可能不再需要每天忍受漫長的車流和龜速的前進，不再因擁堵
而帶着焦慮上班與回家，不再讓寶貴的生命因無意義的交通堵
塞而浪費，它意味着更高的社會經濟效率，意味着更美好更自
由的生活！在不久的將來，通過讓大數據幫助城市交通來做思
考和決策，「城市數據大腦」將會極大緩解交通擁堵狀況，將
杭州打造成一座能夠自我調節、與人類良性互動的城市。

3.2　智慧物流：實現更貼心的最後一千米

瘋狂的「雙十一」背後是物流業的中國速度

　　「雙十一」，這個中國獨有的購物節，以其龐大的交易規
模和驚人的發展進程，展示着電子商務發展的中國速度，令全

世界為之驚歎、矚目。

2018 年 11 月 15 日，商務部新聞發言人高峰表示，根據商務大數據的監測，2018 年「雙十一」期間全國網絡零售交易額超過 3 000 億元，跨境電商進口商品銷售額超過 300 億元，再一次刷新歷史記錄。從最初的 5 200 萬元交易額，歷經十年達到 3 000 億元，「雙十一」的發展速度與量級堪稱瘋狂。

瘋狂的「雙十一」折射出的是我國飛速發展的電子商務產業。2009 年，我國電子商務交易額僅 3 萬多億元，到 2018 年則達到了 30 多萬億元。電子商務的規模在短短 10 年間增長了近 10 倍。在舉世矚目的電子商務背後，是物流在為其提供支撐，電子商務的躍進伴隨着物流業的不斷發展。而且，雖然隨着電子商務的快速發展，物流業務量逐年增長，電商物流的服務質量、物流時效和效率水平卻在不斷提升。

十年前的我們或許對網上購物還不熟悉，也並不信賴，但如今網購已成為我們離不開的生活方式，網購也給我們工作生活的方方面面提供了豐富的選擇。各類品牌、各種特色產品，通過遍佈世界的物流網絡送到我們面前，取快遞、寄快遞已經成為我們的日常，「江浙滬包郵」「一天到」等成為我們日常生活中談論的高頻詞語。在 2018 年的「雙十一」期間，最

快的快遞只用了 8 分鐘就將商品（一箱礦泉水）送到了消費者手中，這個速度甚至可能比我們下樓去附近的便利店買一瓶礦泉水還要快！

根據菜鳥網絡與交通運輸部科學研究院、阿里研究院共同編制的《2017 中國智慧物流大數據發展報告》，「雙十一」包裹訂單數量迅猛增加，物流的服務能力卻在不斷提升，由原先的擁堵「爆倉」、用戶體驗差提升至井然有序的狀態。例如 2016 年「雙十一」的包裹履約率相比 2015 年提升了近 25%，1 億件包裹的簽收時間減少至 2013 年的三分之一左右[40]。

在這樣的快速發展中，中國的電商物流是如何實現數量與質量雙躍進的呢？其祕訣在於融合大數據、物聯網等創新技術與思維的智慧物流。

大數據為物流注入智慧之源

隨着近十年來技術和社會的發展，尤其是大數據的發展，「智慧物流」概念有了更深的拓展。大數據、物聯網和互聯網等被普遍認為是智慧物流的核心技術。通過對商流、物流等數據進行挖掘和分析，大數據可以更精準、清晰地反映物流及市場的現狀並預測未來變化，幫助企業更好地預測用戶需求並形成派送路線、優化倉儲網絡和設備維修等方面的決策。

2009 年，IBM 最早提出了「智慧物流系統」（Intelligent Logistics System）的概念，認為智慧物流以具有先進、互聯和智能三大特徵的「智慧供應鏈」為基礎，重視整合物聯網、傳感網與現有的互聯網，通過精細、動態並且科學的管理，實現物流的自動化、可視化、可控化、智能化和網絡化，從而提高資源利用率和生產力水平，創造更豐富的社會價值。

菜鳥網絡用大數據推動物流升級

菜鳥網絡公司是國內最早將大數據和智慧物流理念應用於物流行業的企業之一。從 2013 年開始，菜鳥網絡公司就開始利用大數據技術服務「雙十一」天貓購物狂歡節，2014 年其預警雷達預測準確率高達 95% 以上，試用初期即有效緩解了「雙十一」的物流壓力。到了 2018 年，根據阿里財報信息，菜鳥網絡在「雙十一」中處理的物流訂單數量已達到驚人的 8.12 億個，但是物流的到達時間、客戶的服務評價卻在不斷提升。菜鳥網絡是如何實現物流方面數量與質量雙贏的呢？我們可以從菜鳥網絡依托大數據技術、變革物流全流程的諸多重要環節中一探究竟。

在倉儲包裝環節，菜鳥網絡公司運用大數據技術智能調度商品存儲。結合相關的商品、物流數據，菜鳥自動化倉庫

可以預測商品的暢銷程度，進而對其倉庫和貨架進行智能調度，最大限度減少商品物流節點，縮短商品傳送路徑，提升倉儲和物流效率[41]。圖 3.3 所示為菜鳥網絡的智能倉庫。

　　菜鳥網絡還結合大數據和人工智能技術，實現了智能包裝。傳統的訂單商品包裝一般根據人的經驗來選擇，效率低且很可能會浪費大紙箱，而藉助大數據和人工智能技術，菜鳥倉庫在商品入庫之前就知道其尺寸和特性，可以自動為訂單分配最適合的紙箱和擺放方式。相比人工判斷，智能包裝平均每件可以節省 5% 的耗材，不僅節省了包裝成本，也更加低碳環保[42]。

　　在分單和路線規劃上，菜鳥網絡基於海量大數據系統和阿里雲系統，以菜鳥電子面單為載體，推出了大數據智能分單

圖 3.3
菜鳥網絡的智能
倉庫
（于連／視覺中國）

項目，用大數據分單來替代人工分單。這不但能使快遞運送路線的規劃最優化，還大大減少了錯誤操作。傳統人工分單會有5% 的分單錯誤率，而使用智能分單後，快遞公司的分單準確率達到98% 以上，倉庫分揀效率普遍提高50% 以上[40]。目前國內主流物流企業已經陸續使用該項目，使得包裹在分撥中心流轉的效率大大提升[43]。

在「最後一千米」的配送上，大數據也給菜鳥網絡提供了更多可能。菜鳥網絡的物流數據平台匯集商家、物流公司、氣象數據和交通實況數據等數據資源，深度挖掘阿里平台上海量的商品、交易、用戶信息和社會物流網絡信息，實現了物流過程的數字化、可視化，能夠對全國各大物流公司進行整個包裹流轉鏈路的運輸預測和預警，讓物流公司可以實時掌握物流網絡每個環節的「未來包裹量預測」和「繁忙度實況預警」；同時也讓商家能夠了解物流公司的狀況，選擇合適的物流公司進行商品配送，實現智選物流的目標，讓商品能夠更快更安全地送到顧客手中。

從需求預測、倉儲包裝再到分撥配送，大數據為智慧物流的升級革新提供了無限可能，使其能在更短的時間內提供更優質的服務，實現更貼心的「最後一千米」。

3.3 數據開路：來一場說走就走的旅行

旅遊市場流通領域的核心活動者是旅客而非商品，而旅客的流動通常由有關旅遊商品的信息傳遞所引發。從這一意義上講，信息是旅遊業的核心內容[44]。而大數據則為旅遊業數據挖掘、治理、加工、分析及應用提供了全新的可能。

大數據描畫人來人往，創造旅遊商機

馬蜂窩是國內著名的基於個性化旅遊攻略信息構建的自由行交易與服務平台，超過 1 億的註冊用戶數量及其產生的旅遊用戶生成內容（User Generated Content，UGC）數據是馬蜂窩的核心資源。統計顯示，馬蜂窩用戶每個月產生的遊記已達 13 萬篇，用戶點評量超過 1.8 億條，全站獨立用戶數量已經突破了 1.3 億，月均活躍用戶數量超過 8000 萬。從用戶的訪問，到內容的產出、深度瀏覽和評價，再到用戶在馬蜂窩形成的交易信息，都形成了海量的大數據資源。在馬蜂窩，每天新產生的數據量超過 3 太字節，已經覆蓋全球目的地（Point of Interest，POI）超過 5 000 萬個，這一數據是非常驚人的[45]。目前馬蜂窩已經從純粹的旅遊平台轉型為旅遊電商平台，僅三年時間營業額就達到了 100 億元。這背後，對於旅遊

UGC 大數據的研究和應用，是馬蜂窩實現業務量快速增長的關鍵因素。

用戶生成內容泛指用戶在網絡上發表的具有一定創新性的文字、圖片、音頻和視頻等內容。隨着互聯網的發展，旅遊 UGC 數據，例如旅遊在線評論、博客、用戶在社交網站上傳的文字和圖片等，業已成為旅遊大數據的重要來源，在消費需求預測、旅遊開發等方面具有極高的應用價值。例如美國著名在線旅遊網站 Travelocity 將大數據分析用於每天都會產生的供需變化定價、庫存和廣告。Travelocity 運用最佳交易分析和推薦引擎向目標客戶推送個性化產品，並通過分析模型將結果推送給邊緣應用，支持相關應用商進行實時決策。

馬蜂窩正是中國 UGC 大數據最成功的應用者之一。馬蜂窩用大數據發現用戶、形成決策。用戶旅行決策前，會在馬蜂窩產生長期的內容瀏覽行為，比如瀏覽關於旅遊目的地的相關遊記和路線推薦、查詢其他遊客的點評等。通過挖掘相關數據，馬蜂窩可以實現對整體客群的全景畫像，為用戶精準匹配後端的優質旅遊產品，實現千人千面、所見即所需。同時，根據海量用戶的需求趨勢，可以根據大數據分析結果，優化旅遊商品的供給，引導對應的供應商增加供應，並按不同用戶類型提升自家的商品呈現力和銷售服務力。而且在實現售賣之

後，馬蜂窩平台上就又會產生大量的用戶購買和評價 UGC 數據，比如新的遊記和評論，反推商品優化和內容引導[45]。

　　大數據還為馬蜂窩拓展旅遊商業合作提供了可能，創造了旅遊供應商之間的共贏。早在 2014 年，馬蜂窩就與航空服務商「在路上」旅業合作推出了反向定製產品，這些產品根據用戶偏好數據定製及預售，不僅符合旅行者需求，而且具有較高性價比，產品在推出的 5 分鐘內被搶購一空。此外，海南航空、美國馬薩諸塞州旅遊局也與馬蜂窩合作開發了系列反向定製旅遊產品。這種預售＋反向定製的 C2B 模式基於龐大的用戶數據，預判消費者的喜好或消費傾向，定製相應的旅遊產品，滿足個性化出行需求。通過大數據分析用戶行為或聚合社交力量，這種模式可以撬動和重構上游的旅遊資源[46]。

大數據讓景區更智慧，讓旅行更安心

　　短視頻讓重慶的眾多景點成為爆款和網紅，其中洪崖洞的熱度更是名列前茅。2017 年一段「千與千尋同款夜景」的小視頻在社交網絡廣泛傳播，重慶洪崖洞的旅遊熱度也隨之迅速提升至全國第二位，僅次於北京故宮，成為重慶第一個因短視頻而爆紅的景點。洶湧的人潮為景區帶來熱度與關注，同時也帶來了巨大的管理與安全壓力，而大數據則為景區管理提供

了更高效的解決方案。

　　景區管理及景區相關產業的信息系統、視頻監控系統、感知系統等所有數字景區系統每時每刻都會產生大量的數字、文本和視頻數據；景區外部的社交網絡等互聯網平台也會產生大量與景區有關的數據。此外，景區獨特的自然地理特徵、歷史文化特點等，也可以轉化為空間地理數據和歷史人文數據。這些海量數據為景區的智慧化提供了數據資源，大數據技術則助力智慧化落實。

　　2018 年重慶推出「重慶旅遊雲」，依托大數據、人工智能、雲計算、物聯網等智能化技術，對旅遊目的地資源、服務等數據進行整合，以提升景區管理水平，助力景區精準營銷和產品升級，並為遊客提供行程規劃和信息查詢。最熱門的景點洪崖洞成為試點，「重慶旅遊雲」為洪崖洞定製了運營系統，將人流和景區接待能力匹配，提前預警，實現人流監控數據化與智能化。通過實時的數據採集與分析，景區管理人員可以了解接待遊客量、接待收入、全市國內及出入境遊客量等數據，及時掌握景區內相關人流數據，形成旅遊預測預警機制，並及時調度資源。

　　大數據給洪崖洞景區帶來了哪些改變呢？首先，大數據讓景區變得更安全。大數據可以幫助景區管理者預測遊客數量

達到峰值的時間，當某一時段發現遊客人流量可能達到洪崖洞景區所能承受的上限時，管理人員可以提前對進入景區的遊客數量進行控制，並加派人員進行安全疏導，有效地保障遊客的安全。此外，遊客也可以在洪崖洞微信公眾號內直接看到景區人數、密度分佈、排隊情況等信息，以便提前規劃行程，合理安排時間，錯開人潮擁擠的高峰時段，讓自己的旅行更加舒適安全。

其次，大數據讓景區管理變得更有策略性。大數據可以更精確地告訴景區管理者景區內哪些景點更受歡迎、遊客都來自哪裏、遊客有哪些需求、什麼時間是景區的人潮高峰，等等，幫助景區管理人員更好地實現更科學和精細化的管理。例如，通過分析遊客的到訪高峰時間和景點情況，可以更好地規劃景點及旅遊設施（如廁所、停車場等遊客當前痛點所在設施的數量和容量等）和旅遊宣傳方式。

大數據也大大提升了旅行的體驗。通過大數據對景點、商店和遊客評價等數據的分析，可以描繪出更立體、更全面的導覽圖，推薦最好吃和最有當地特色的食物、購物最安心的商店、最值得打卡的景點、不同景點最適合遊覽的時間和季節，以及最方便快捷的交通路線，幫助遊客們鎖定旅行中吃穿住行的最優選擇，讓旅行更輕鬆、更有趣。

　　大數據可以精準地描畫出旅客的往來去向、出行方式、出行軌跡，以及景區人流情況等，為旅行的優化升級帶來了更多可能性。讓我們以數據導航，背上背包，來一場真正說走就走的旅行吧！

3.4　數據止痛：改變時間與空間的交錯

錯位的時空與滯後的信息，無處不在的痛點

　　在交通、物流和旅遊領域，實體與數據跨地理空間的流動速度是影響效率與效益的重要因素，也是目前限制其進一步發展的主要瓶頸。

　　龐大的出行需求、割裂的數據、缺乏智慧的管理和欠缺科學依據的規劃，讓人類因交通擁堵而付出的時間與社會經濟成本難以估量。擁堵，讓必不可少的出行成為人們無法規避的棘手難題。

　　在物流業，大量資源和數據分散於物流的各個環節中，但是物流各環節的主體間仍然存在着如孤島般隔離的現象，供給與需求的信息無法完全對接，倉儲和運送的速度難以有效提升。

　　數據是旅遊的核心要素，旅客流動、景點管理、旅遊設

施規劃與服務提供等，都離不開數據。但是由於數據的不完備與流動的不暢通，旅遊資源存在着極大的配置不均衡與浪費，遊客的旅行體驗也有待提升。

這些無處不在的痛點，呼喚着全新的技術與管理理念，大數據技術則是踏浪而來的變革之舟。

匯聚與分析，點亮散落數據的價值

在現代信息社會中，我們被社交網絡、電子商務和物聯網包圍，每天都面臨着大量的結構數據和非結構數據。這些數據如同星塵般散落在世界的各個角落，分別受控於政府、公共事業單位、移動運營商、互聯網公司和個體用戶等各類主體。例如，公共部門的交通管理數據、交通運輸數據、交通規劃數據、氣象數據，企業的鐵路、民航運輸數據和保險數據，交通流量、道路監測等物聯網數據，以及導航數據、位置數據等運營數據，等等，都是交通大數據的組成部分。

分散的數據再龐大，不進行整合則不能利用，不能利用則無法產生價值。因此能夠整合並分析海量信息的大數據技術，才是點亮這些數據最終價值的時代電流。

大數據技術從處理環節角度，可以分為挖掘採集技術、存儲管理技術、處理分析技術、計算預測技術和可視化展現與

交互技術等類型。在交通、物流和旅遊領域，大數據的各類技術都具有變革性的價值。如大數據挖掘採集技術可以用於物流業務流程，提升物流產品、包裝、分單等信息的數據化水平；大數據挖掘採集技術還可以用於旅遊 UGC 數據的分析，以便商家更好地了解市場需求；大數據預測技術可以用於擁堵的預警，提升交通管理效率。

大數據構建虛擬世界，改變現實的時空

在交通、物流和旅遊領域，大量數據為視頻、圖片等非結構化數據，而且數據是實時產生、實時變化的。在傳統的小數據模式中，由於數據來源於樣本而非總體，來自於靜態的截面而非動態的全過程，人們更加注重數據與分析的準確性，關注因果關係；而大數據覆蓋總體範圍，產生於運行的全過程，更關注事物之間的相關關係，能夠更快速地分析處理問題。

因此，相比傳統手段，大數據技術能夠更好地挖掘、處理與分析分散化的海量交通、物流和旅遊數據，構建更為全面、更精準反映現實運行情況的數字化虛擬世界。大數據讓我們對世界有了更全面、更及時的了解，提高了信息的傳播速度，擴大了信息的傳播範圍，增強了我們統籌全局的能力，從

而為物品與信息在時空中的流通提供了更多可能，能夠在交通、物流與旅遊領域實現更多變革。

3.5　數據監管：立法規範進行時

假作真時真亦假，數據要在真假之辨中回歸本意

海量的數據並不意味着準確的數據。虛假的數據將導致扭曲的大數據現實畫像，從而影響決策的準確性和最終結果的有效性，甚至可能對社會造成更多傷害。

現實世界中大量存在着刻意偽造和憑空捏造的數據。在一些以 UGC 為主的網站上，存在着數量眾多的虛假評論，而且這些評論往往混雜在用戶的真實評論之中，令人難以分辨，對用戶產生誤導。由於社交網絡信息傳播廣泛、快速，這些虛假評論可能會導致更大的負面影響。例如，成功運用旅遊 UGC 進行商業化的馬蜂窩，也被發現存在點評抄襲、設置殭屍用戶刷評論等數據造假行為。

大數據本應讓人們更好地了解現實世界，但是虛假數據則會讓大數據偏離求真的軌道。因此在大數據的分析運用中，要格外關注數據的真實性，降低虛假、錯誤數據所導致的危害。

精準不等於善治，數據要有為人民服務的溫度

大數據如同其他技術一樣，它的價值並不在於技術本身，而在於技術的具體應用。大數據讓我們能夠更精準地了解現實，預測未來，但是一個能夠被更精準洞察的世界，並不一定是一個更加美好和諧的世界。

在大數據時代，我們的私人信息將更加無處隱匿，信息安全將遭遇更多風險。除了隱私泄露，基於大數據對個人狀態和行為進行分析也可能帶來威脅。例如通過交通卡數據對用戶的日常行蹤和地理位置進行預測這一行為一旦被濫用，將會給用戶帶來各種不利甚至風險。

在現實的商業場景中，存在着大數據濫用侵犯消費者權益的問題。採集數據時用戶的知情權和同意權、數據被採集後的利用規範、用戶要求刪除個人信息的被遺忘權等權利都有受到侵害的風險。一些在線旅遊平台、網約車公司存在着「大數據殺熟」的現象，如對老用戶收取比新用戶更高的價格、同一商品依據用戶特點的不同顯示不同價格等。原因在於這些互聯網企業具有更多的技術和數據優勢，在信息掌控上與消費者之間存在着不平等關係。

為了應對諸如此類的問題，國家層面關於大數據的收集、存儲、管理與應用等方面的法律法規和公共監管政策正

在逐步完善中。這些法律規範，在大數據時代對於保障信息安全、推動大數據更好地為人類福祉服務具有重要意義。2016年發佈的《中華人民共和國網絡安全法》對網絡信息安全的保護和規制進行了規範，如第四十條規定「網絡運營者應當對其收集的用戶信息嚴格保密，並建立健全用戶信息保護制度」，在個人數據的收集方面，第四十一條規定「網絡運營者收集、使用個人信息，應當遵循合法、正當、必要的原則，公開收集、使用規則，明示收集、使用信息的目的、方式和範圍，並經被收集者同意」，第四十三條的規定則闡釋了具有中國特色的公民「被遺忘權」，即「個人發現網絡運營者違反法律、行政法規的規定或者雙方的約定收集、使用其個人信息的，有權要求網絡運營者刪除其個人信息；發現網絡運營者收集、存儲的其個人信息有錯誤的，有權要求網絡運營者予以更正」。在 2019 年 3 月全國兩會期間，全國政協委員朱山提交了《關於加快大數據立法進程的建議》，指出要以公共福利、合理使用、信息安全、過錯推定為基本原則，確保相關立法能夠保護各方權益。在地方層面，貴州省和貴陽市率先分別推出了《貴州省大數據發展應用促進條例》《貴陽市大數據安全管理條例》等大數據發展應用和監管的地方性法規；相信在不久的將來，我國有關大數據治理的法律規範體系將更加健

全，確保大數據能在為公眾提供優質服務的同時，保護好公眾的個人信息。

大數據可以實現精準治理，但這並不意味着更好的治理就必然會實現。我們需要對大數據的採集、分析和使用進行更為明確的規範和監管，賦予冰冷數據人文的溫度，讓大數據真正為人民的美好生活而服務。

第四章
教育升「溫」：用數據精準滴灌

大數據在保障和改善民生方面大有作為，要堅持以人民為中心的發展思想，推進「互聯網＋教育」「互聯網＋醫療」「互聯網＋文化」……

——習近平總書記在中共中央政治局
第二次集體學習時的講話[13]

　　百年大計，教育為本。教育大數據從「沉睡」到「甦醒」，逐漸產生了「熱量」，使教育變得更有「溫度」和「精度」。

　　近年來，浙江省衢州市鼓勵各學校結合自身實際情況推動教育大數據應用。過去，英語老師批改作文一直存在耗時長、效率低的問題。衢州一中採用了一項基於大數據的人工智能技術對這項工作進行優化。這項技術不僅能精準識別同學們作文中存在的各類錯誤，還能夠給出相應的修改建議，學生修改完作文後還能夠多次提交批改，直到把所有的問題解決，這樣便將教師從繁重的作業批改任務中解放了出來，教師因此能夠投入更多的精力為學生提供個性化的輔導。柯城區書院中學將大數據技術用於試卷批閱中，學生的「閃光點」和「薄弱點」可以用「雷達圖」和「門牙圖」直觀地體現出來，學生學得更精準，教師講得也更精準。正如時任衢州市教育局局長所言：「以大數據為核心的新技術，已經成為幫助我們實現『變道超車』的新手段，成為衢州教育發展的新動力。」[47]

　　衢州故事僅僅是我國教育大數據事業發展的一個縮影，大數據技術的不斷發展正在從各個方面改變着我國的教育事業。

4.1 教學科研：被大數據換上新顏

　　教育大數據有兩大重要來源：一是在教學活動過程中直接產生的數據，比如學生的學習行為數據；二是在科學研究活動中採集到的數據，比如研究數據[48]。近年來，復旦大學數字與移動治理實驗室通過語音速記系統實現了課堂內容的實時記錄，將課堂上師生的發言以文本的形式存儲了下來，既便於學生複習，又為今後的教學研究積累了數據。

　　過去，絕大部分的教學科研數據並沒有被充分利用起來，還只是一座有待深度開發的「金礦」。然而，下面的故事一定會給你一種「熟悉又陌生」的感覺。

在線教育，大數據助力因材施教

　　2013年，一部名為《私人訂製》的電影票房火爆。「私人訂製」的內在驅動力在於個體之間的差異，而不同的個體對於服務有個性化的需求。過去，受制於技術條件和服務手段，滿足不同個體的共性需求已屬不易，無法再為每個個體的個性化需求提供服務。然而，在大數據時代，每一個個體的需求已不再是一個黑箱，大數據使「私人訂製」成為可能。

　　「私人訂製」的教育也已經不是一種願望，而是正在

發生的現實。對不同個體的學習行為大數據進行有效的挖掘、分析、理解和應用，能夠發現每個個體的獨特需求，從而實現教育服務的「精準供給」，真正做到以人為本的「因材施教」。

2013 年 10 月，清華大學發起建立了中國首個 MOOC 學習平台「學堂在線」。目前，「學堂在線」上線了來自清華大學、北京大學、復旦大學以及麻省理工學院、斯坦福大學等國內外一流大學，覆蓋 13 個學科門類的 1 900 餘門優質課程[49]。通過對教學大數據專業、實時的分析，「學堂在線」可以獲取當前網絡用戶的學習活躍度和學習進度，分析研究影響學習進度的因素。通過對所有 MOOC 課程開課、選課次數的大數據分析，平台可以掌握課程熱度和健康度，為學生提供更好的個性化學習體驗。此外，平台還能通過對助教輔導行為的大數據分析來指導助教工作。[50] 圖 4.1 所示為「學堂在線」首頁截圖。

通過以上這些大數據應用，「學堂在線」為學習者自身的學習行為和教育管理者教學方案的調整都提供了依據[50]，學習不再是「大水漫灌」，而是成為越來越有針對性的「精準滴灌」。世界因差異而美麗，而大數據讓每個學習者都有了更多的獲得感。

圖 4.1　「學堂在線」首頁截圖

　　然而，在線教育的蓬勃發展同樣伴隨着一些問題。例如，有的培訓平台存在低俗有害信息及與學習無關的遊戲等內容，這使得對在線教育的合法合理規範變得十分必要。大數據技術在規範在線教育方面同樣大有可為。2019 年 7 月 15 日，教育部等六部門聯合印發的《關於規範校外線上培訓的實施意見》提出要探索「互聯網＋監管」機制，改進監管技術手段。大數據技術的應用將發揮傳統監管方式所不具備的優勢，促進在線教育行業的有序發展，從而更好地助力在線教育發揮其在因材施教方面的優勢[51]。

自適應學習，人與系統的相互學習

　　「自適應學習」是指人與系統相互學習的非線性過程[52]。

傳統教育模式無法兼顧不同學生在學習能力、知識掌握程度和對教學風格的偏好等方面的個性化需求，只能採用「題海戰術」來彌補知識漏洞。但 80% 的「題海戰術」屬於無用勞動，這對學生的學習效率和效果造成了嚴重影響。自適應學習則打破了這種局面，它能夠基於對學生學習情況的精準診斷，為其提供個性化的學習方案。上海的乂學教育基於自適應學習理念，利用人工智能和大數據技術，研發了國內第一個擁有完整自主知識產權、以高級算法為核心的人工智能自適應學習引擎「松鼠 AI」（見圖 4.2）。松鼠 AI 可以通過對知識點的深度拆分，清晰精準地發現學生的知識漏洞和薄弱之處；同時還可以通過對學生的知識狀態和能力水平進行持續性的實時多維數據評測，建立學生畫像，有針對性地提供個性化學習解決方案，並且隨着學生能力水平的變化動態調整，提升學習效率。例如，對於一個處於中考衝刺階段的學生，松鼠 AI 會在大數據分析的基礎上為其推薦個性化的複習方案，使其避免陷入「普遍撒網」的複習模式，幫助其在有限的時間內取得更理想的成績。為了實現自適應學習，學生在智能評測、智能學習和智能課堂這些不同階段留下的數據都被作為重要資源利用起來，系統對用戶數據的處理變得更加智能，實現了人與系統的相互學習。[53]

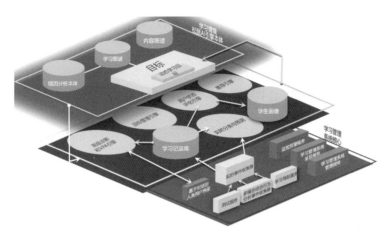

圖 4.2　松鼠 AI「智」適應學習引擎架構圖（圖片來源：松鼠 AI）

　　作為北京的一家學習技術與大數據公司，「論答（Learnta）」也對自適應學習進行了有益的探索。「論答」利用人工智能學習引擎從百億級知識狀態中迅速精準地診斷出學生的知識薄弱點，利用算法對每位學生的知識狀態進行實時監測，並將這些實際監測數據與系統中的海量學習數據進行比對，為不同的學生進行智能推薦，優化學習路徑，從而循序漸進地幫助學生實現學習提分的目標[54]。

　　需要強調的是，自適應學習雖然在知識學習方面已遠遠超過老師，然而老師在知識講解方面仍發揮着重要作用，老師與學生之間的情感交流也不是技術能替代的[54]。不過，教師

可以利用自適應學習系統生成的分析結果來安排自己的教學計劃，實現人機結合。

科學研究，超越「小數據」

受制於各種條件，過去的科研活動往往是基於抽樣獲取的小數據進行的。現在，大數據技術的發展則可以幫助我們逐漸突破這一限制，使我們能夠獲取和分析更大數量和更多類型的數據來開展科學研究。

孩子越來越大，輔導功課越來越力不從心，這是很多家長的真實體驗。「作業幫」是一家國內領先的教育科技公司，力求幫助家長和中小學生有效地解決課業上遇到的問題[55]，其龐大的用戶規模為其積累了海量的用戶行為數據。

北京師範大學新聞傳播學院聯合「作業幫」於 2019 年 5 月發佈了《全國中小學生在線學情分析報告——減負增效專題》。該報告是在分析了 1 萬餘份有效的問卷調查數據和 120 萬條「作業幫」用戶實際使用行為數據的基礎上形成的，而這樣規模的研究數據在以前是很難獲取和分析的。正如《教育傳媒研究》雜誌主編張志君所言，「這份報告在數據的獲取、取捨上非常難」。[56]

為了支撐科研，華南理工大學在原有基礎上搭建起大數

據分析平台和大規模數據處理 Hadoop 系統平台。同時，華南
理工大學附屬醫院、二級部門以及大數據交換中心的業務數據
經過脫敏並取得數據主管部門授權後，可以用於科學研究。
此外，華南理工大學還通過開展校企合作的方式拓展數據來
源，這樣一來，越來越多的企業數據可以在獲得授權的情況下
被用於科學研究，這樣便打通了科研與實踐的邊界 [57]。

4.2　教育管理：因大數據而行穩致遠

　　教育管理過程中也會產生大量數據，主要有兩類：一是
在學校管理活動中採集到的數據，比如學生數據、教職工數據
和學校設備資產數據等；二是在校園生活中產生的數據，比如
餐飲、網絡和洗浴等記錄數據 [48]。

　　上海真愛夢想公益基金會是一家致力於推動中國義務教
育階段素質教育發展的公益組織。基金會的大區經理通過對教
師人數變化、排課進度、授課回顧圖文的數量和質量、教師成
長晉升經歷、參與培訓次數、參與夢想沙龍次數等多維度數據
的分析來了解所在片區學校的情況，然後結合電話溝通和線下
走訪，實現更精準的運營。然而，這僅僅是數據服務於教育管
理的冰山一角。

細水長流，把錢花在刀刃上

我們常用「把錢花在刀刃上」來督促人們提高資源的利用效率，而對於教育資源的利用則更需要貫徹這一原則。

東華大學將大數據技術應用於實驗室管理系統中，有效解決了實驗室管理效率低下的問題。實驗室的使用情況數據，包括儀器的電流電壓都實現了數據化。通過對這些實驗室運行數據的分析，管理者可以識別哪些實驗室設備根本不必購買，哪些實驗室不再需要撥錢，並將實驗室的使用率和第二年的經費預算掛鈎，實現教育經費使用的集約高效[50]。

這一實驗室管理系統源自東華大學材料學院吳文華老師近 20 年的不懈探索，而迫使吳老師下定決心建立這套實驗室管理系統的原因是實驗室面積擴大、實驗室設備增加、實驗室管理人員數量減少和學生數量增加等問題。經過反覆打磨，材料學院於 2008 年 11 月建成了智能實驗室管理系統。系統的建成給實驗室的「老人」劉桂清帶來了比較深的感觸：「這不僅提升了實驗室管理效率，降低了人力成本，還給我們帶來了工作成就感[58]。」

東華大學學校管理層認為，通過該系統，學校不僅能夠即時了解各類數據、提高管理效率，還能夠將任何實驗者的實驗過程及所得出的實驗結果通過攝像頭和計算機保存下來，相

關人員可以隨時調出數據予以核對，有助於從根本上杜絕數據造假，可在一定程度上預防學術腐敗的發生[58]。

防患於未然，尋找校園裏最孤獨的人

教育大數據的合理利用還能夠有效避免「拍腦袋」的教育決策模式[48]，使相關決策和管理更具預測性和洞見力，更切合實情，更能體現對個體的關懷。

電子科技大學的周濤教授曾做過一個叫作「尋找校園中最孤獨的人」的課題。該課題從約 3 萬名在校生中採集到了 2 億多條行為數據，這些數據包括學生選課、圖書館刷卡、寢室門禁、食堂消費以及學校超市購物等數據，都是學生刷一卡通產生的。通過對不同卡在不同地點的刷卡數據進行分析，課題組最終發現了電子科技大學 800 多個「最孤單的人」。[59] 這些學生之所以被識別為「最孤單的人」，是因為數據分析結果顯示他們在校平均兩年半時間內大部分時候都是獨來獨往的，由此推斷這些同學可能患有心理疾病，需要學校和家長予以特別關注。在這之後，學校在保護個人隱私的前提下，對這些同學進行了必要的關心和幫助。

在一次講座中，周濤解釋了大數據思維的三個精髓：第一是數據的外部性，即通過看似沒有關係的數據去透視問

題，利用一卡通消費數據來預測學習成績和觀察學生作息是否異常就是一個典型的例子；第二是數據的群集性，僅僅分析一張卡的消費數據並不能起到多大作用，需要將這張卡的數據與其他卡的數據聯合起來分析才有可能發現問題；第三個是需要數據科學家去分析這些業已存在的數據[59]。

大數據不僅能在校園內助力教育，也能在校外發揮作用。留守兒童是一個需要特殊關懷的群體。作為一個勞務輸出大省，江西省在 2017 年對全省小學畢業的留守兒童進行了一次跟蹤分析，統計顯示有 107.9 萬名農村留守兒童。通過對省內甚至全國範圍內的數據進行對比，工作人員成功地識別出疑似輟學的留守兒童。在數據分析的基礎上，江西省又以上饒市作為試點，通過上門走訪、逐一核查，最終識別出了真正輟學的留守兒童，然後通過勸返和幫扶等一系列措施幫助一部分留守兒童重返校園。[60]

潤物細無聲，讓補助有尊嚴

2016 年 3 月 21 日，南京理工大學 301 名學生的飯卡餘額「悄無聲息」地多了 10 多元到 300 多元不等，這是怎麼回事呢？原來這是南京理工大學啟動的一項名為「暖心飯卡」的活動，為的是幫助那些家境貧困的大學生解決最基本的吃飯

問題。[61]

通過分析全校所有在校本科生 2015 年 9 月中旬到 11 月中旬之間的飯卡刷卡記錄數據，學校將那些每月在學校食堂吃飯超過 60 頓但消費額卻不超過 420 元的學生定為資助對象。為了保證數據分析結果的準確性，學校相關部門還將「准資助對象」名單交由學生所在院系的輔導員進行確認。在確定名單之後，學校就悄悄地將補助金打入學生的飯卡，使這些學生不必再像以前那樣需要先填申請表格並「被公示」後才能得到補助。基於數據分析，每位學生收到的補助金額也各不相同，學校按照「一日三頓、每頓 7 元、30 天共計 630 元」的標準，給每位受資助學生發放「個性化」補助，也就是學生的實際就餐支出與學校制定的補助標準之間的差額。

高校師生的食堂就餐活動每天都在生成大量數據，但卻很少被人注意並得到充分利用，而南京理工大學卻將這些「沉睡」的數據用來給貧寒的學生提供「有尊嚴」的補助，並使補助金額更為精準。近年來，中國科學技術大學、復旦大學和本書 1.4 節提及的華東師範大學等許多高校也都採用過類似方式來幫助貧困學生。

4.3　教育與大數據：緣何走到一起

傳統的教育模式是工業化時代的產物，教育內容與方式更像是標準化的「流水線」[62]。而在大數據時代，學習者需要的是更為個性化、更有針對性的學習方式。而教育工作還涉及教學、科研、管理等不同層面的多種用戶，這些用戶在不同環節都會有不同的需求。大數據技術在教育領域的應用正是被這些「用戶需求」不斷驅動前進的。

需求的變化也得到了政策的響應。2016 年 6 月 7 日，教育部印發的《教育信息化「十三五」規劃》明確指出雲計算、大數據、物聯網、移動計算等新技術的廣泛應用對教育的革命性影響日趨明顯，鼓勵社會積極利用雲計算、大數據等新技術實現教育創新。

「米」「鍋」與「巧婦」，三者缺一不可

如果說大數據是教育創新所需要的「米」，那麼這些「米」的來源就是教育信息化。近年來，我國教育信息化發展迅速，全國中小學互聯網接入率、多媒體教室比例、每 100 名中小學生擁有的計算機台數以及師生網絡學習空間開通數量等方面都有了較大提升 [63]。基礎教育、職業教育、高等教育和繼

續教育等領域利用信息技術解決教育改革發展問題的應用典型不斷湧現 [64]，而教育信息化的發展是教育數據生成、採集和分析的基礎，如果沒有教育信息化的發展，大數據在教育領域的運用將無從談起。

有了「米」，數據的採集、存儲和分析技術就是做飯的「鍋」。近年來，大數據技術的不斷進步對大數據在教育領域的應用起到了關鍵的促進作用。但是，鍋已到位，有些「米」早就存在了，為什麼沒有被做成飯呢？因為還缺少「巧婦」，也就是各類大數據應用人才。

大數據技術固然重要，但更為關鍵的是挖掘出需要解決的問題，將技術手段與問題導向結合起來，將數據和應用場景連接起來，這就需要有多種學科背景的專業人士來合作完成。正如一位公共管理領域的學者所言：「我們即便沒有純技術人員那麼懂技術，但是只要我們多少懂一點，在遇到問題時，最起碼就知道該找誰來替我們解決。」

有了「米」「鍋」和「巧婦」，才能做出好「飯」，三者缺一不可。

4.4　路在何方：人的全面發展與數據的底線

　　大數據技術不斷向前發展，大數據與教育更好的結合沒有終點。然而，無論未來如何發展，大數據都只是技術手段，教育領域應用大數據的最終目標是實現人的全面發展，維護人的基本尊嚴。

技術還需「更上一層樓」

　　大數據技術在教育領域的深入應用離不開技術的不斷進步。大數據技術在教育領域的應用主要面臨三方面的技術挑戰：第一，海量教育數據帶給數據存儲技術、數據處理技術和數據分析技術的挑戰，這裏技術也包括計算機硬件的數據處理能力、超級計算機算法技術等；第二，數據採集技術和問題分析技術的挑戰，這是教育大數據應用的核心環節；第三，數據兼容性的挑戰，主要是指不同數據存儲系統中不統一的數據編碼和數據格式，這會造成不同系統間的數據共享困難 [48]。

　　整體來看，我國教育大數據應用仍比較零散，應用推廣模式成熟度有待提升 [48]。未來，大數據要在教育領域的各個階段和各個方面發揮作用，還需要在相關技術方面「更上一層樓」。

提升每一個人的「數據素養」

　　教育領域是一個龐大的生態系統，涉及各種各樣的利益相關方，包括政府、學校、相關企業、社會組織、學生和教師等，但最終都落實到一個個活生生的人，而這每一個人的數據素養決定着整個教育領域乃至整個社會對於大數據的接納和應用能力。

　　提升數據素養不能唯技術論，而應注重技術素養與人文素養的結合，不能僅限於學習一些技術工具，更要培養綜合運用大數據解決問題、創造價值的觀念、素質和能力。近年來，越來越多的中小學教師、中小學校長和職業院校教師等各類教育工作者接受相關培訓 [63]，越來越多的大學也開始設置大數據相關的專業方向。

守住底線，平衡收益與風險

　　在大數據時代，似乎一切都可以被數據化。然而，大數據的發展也存在兩面性，它雖然能給人帶來便利，但是也可能產生風險。例如，大數據分析能夠幫助我們更好地了解學習者的學習需求，進而為他們提供個性化的服務，但這並不意味着我們可以不受限制地對個體行為數據進行挖掘分析，對涉及學習者隱私的數據，其採集、利用和共享都應受到嚴格規範和限制。

　　各級政府部門和企業在推動教育領域大數據技術應用的同時，對於可能出現的風險和觸及底線的問題也應嚴加防範。同時，國家還應不斷加強立法工作，使教育領域的大數據應用有法可依、有章可循。

　　對於有益的教育大數據創新要積極鼓勵，對於可能的風險也要嚴格監管。這需要我們不偏執於任何一端，在增加收益與控制風險之間找到平衡，守住底線，既要心中「有數」，又要以人為本。

第五章

顛覆醫療：
大數據助力健康中國

要全面建立健康影響評價評估制度，系統評估各
項經濟社會發展規劃和政策、重大工程項目對健康的
影響。要完善人口健康信息服務體系建設，推進健康
醫療大數據應用。

——習近平總書記
在全國衛生與健康大會上的講話 [65]

　　當下，世界上大多數行業正在被大數據影響和改變着，這其中當然也包括醫療行業。截至 2019 年 7 月，大數據在醫療上的應用已經涵蓋電子醫療記錄收集、可穿戴設備實時健康狀況預警、基因測序實施精準醫療和按需調配醫療資源等方面。每一位病人都有自己的電子記錄，包括個人病史、家族病史、過敏症，以及所有醫療檢測結果，每個人背後都有龐大的歷史數據。我們能不能通過對醫療數據的分析，預測疾病的爆發、避免感染或降低社會醫療成本？能不能通過大數據讓每個人享受到更加便利的健康服務，降低身體健康受損的風險，減少個人的醫療支出？

　　在實施健康中國戰略的進程中，傳統的醫療理念已經逐漸無法滿足現代居民對健康管理的需求。全球信息化的今天，「互聯網＋」、大數據應用已經成為中國實現創新式發展的前沿動能，新興的電子信息技術與醫療健康行業融合發展，醫療大數據呈現爆炸式增長，一個全新的醫療信息時代已經呈現在我們眼前。

　　健康醫療大數據已成為我國數字經濟的強大引擎，它作為攻克醫療難題的推動力量，與健康管理、智慧醫學、精準醫療、遠程醫療和現代醫院管理等領域深度契合，營造了一個「生有所養，病有所倚，老有所依」的全生命周期健康醫療新模式 [66]。

5.1 「智慧養老」：讓關懷永不缺席

獨居老人，無處安放的愛

2018 年 8 月 18 日，蕪湖市鏡湖區鷹都花苑小區內，一對老夫妻倒在家中，被發現時已離世多日。據住在同一小區的鄰居描述，二老是一對退休教師，患有阿爾茨海默病的老爺子 70 多歲了，他的老伴退休前是一名小學老師，也患有多重疾病。兩位老人平常和藹可親，沒有想到說走就走了，多日後才被鄰居發現，實在可憐[67]。

據新聞報道，老太太突發疾病猝死在家，老爺子因患有阿爾茨海默病，生活無法自理又無人照顧，沒多久也隨老太太而去。

類似這樣的悲劇不斷在我們身邊上演。

在當今中國，像這樣的獨居或「空巢」老人問題已不容忽視。隨着老齡化程度不斷加深，截至 2018 年年底，我國 60 周歲及以上人口約為 2.5 億人，占人口總數的 17.9%，該數據較 2017 年增長了 859 萬人，其中 65 周歲及以上人口約 1.6 億人，占人口總數的 11.9%，相比 2017 年增長了 827 萬人[68]。到 2020 年我國將正式進入到老齡化嚴重階段。

目前，老齡化趨勢仍在加劇。如圖 5.1 所示，根據有關部

門的估算，到 2050 年我國 60 歲以上人口將達到 4.38 億人之多，約佔總人口的三分

之一，無子女老人的數量將達到 7 900 萬人，而獨自生活和留守在家的老年人數量將佔 54% 以上 [69]。這些老人不僅要承受情感上的孤寂，還要時刻警惕因突發疾病、事故且無人看護而在家離世的危險，那麼如何才能讓他們老有所依，讓他們的晚年生活也有屬於自己的風景，對他們的愛有處安放呢？

智能看護，老人的「定盤星」

高速發展的現代社會中，老年人的身體功能逐漸衰退，心理健康問題也日益顯現，他們往往容易產生失落感、孤獨感

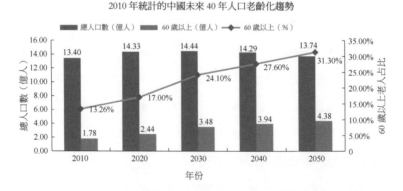

圖 5.1　2010 年統計的中國未來 40 年人口老齡化趨勢（數據來源：中國社會科學院）

和消沉感。看護好老年人，讓他們老有所養、老有所依、安度晚年，已成為全社會共同關注的問題。這需要政府和企業、官方和民間攜手，從群體、政策、技術、醫療和心理等多方面協同努力。而要達到信息化、精細化和高效的看護水平，在當今網絡多元化、多樣化的發展中，「智能」系統的易操作性、便利性、實用性和快捷性日益受到各方青睞。許多省市已經在嘗試將「智能看護」系統投入社區使用，江蘇揚州的个園社區就是其中之一。

位於揚州老城區的个園社區大部分居民是老人，人口結構呈倒三角形。平日裏，獨居老人在家摔倒、猝死的事件也時有發生。為提高獨居老人的晚年生活水平，个園社區從自身情況出發，制定了頤養社區建設項目，其中，為社區中的獨居老人安裝智能看護系統是非常關鍵的一項。

社區管理員會根據老人的具體情況安裝相關的看護系統，老人年紀越大，安裝的系統也就越齊全，主要包括：牀墊傳感器、馬桶傳感器、煤氣泄漏報警器和室內紅外線傳感器等。這些高科技傳感器每天會按時收集老人的相關信息數據，並發送至安裝了終端程序的社區計算機裏。這樣一來，工作人員可以便捷地了解老人的生活情況，並及時監測到他們生活中的風險。

智能系統的另一大好處是不會影響老年人的正常起居，同時子女只要打開手機，就能隨時隨地監控到父母在家的生活情況。「我如果在上廁所時摔倒，系統會發出警報，煤氣等沒關也能自動報警，我一個人在家裏也很安全！」第一位享受社區「智能看護」系統的毛大爺如此說道。

延伸閱讀

日本用水錶監測獨居老人安全

當前日本正處在人口超老齡化的危機中。有數據顯示日本獨居老人有 600 萬人，每年有 4 萬人獨自離世。為了能夠更好地應對這樣的狀況和完善社會保障，日本政府利用本國高度發達的科技，讓居民用水量這一變量成為關注獨居老人生活狀態的關鍵性因素。

一些能源供應商試着通過他們的家用能源管理系統發揮更積極的健康管理作用。這些系統能夠實現一些監測功能，如監測水龍頭幾天沒被使用了，燈一直沒有打開，燃氣一直在使用（燃氣沒關）等。如果這些信號被監測到了，那麼這些系統就會提醒這家人的親人 [70]。

日本家庭通常將水錶安裝在住所之外，因此，如果民

政部門和自來水公司需要改造老人的水錶，也不會對他們的生活造成困擾。得益於這樣的基礎設施建設方式，工作人員通過監測用戶用水量來關注獨居老人生活狀態的想法得以付諸行動。相關部門的人員會安裝一個可以記錄老人實時用水量的電子指示器，所獲得的數據可間接反映老人的生活規律。假如用水情況反常，即預示着老人可能存在危險，此時工作人員便會立刻前往查看。

此外，電子指示器還可以作為老人與子女間的「安全紐帶」。遠方的子女通過和自來水公司保持聯繫，可從電子郵箱等應用中獲取老人的用水量數據。這些數據可以幫助子女推測出老人做飯、洗澡所需的時間，當子女發現相應時間段內的用水量數值發生異常變化，他們可與當地政府聯繫，請工作人員到家中查看情況。

一段時間後，得到的成果令人振奮，上述日本獨居老人獨自離世的情形大大減少，坊間甚至有人稱「自來水成為親情的紐帶」。

類似日本用水錶、電錶監測老人安全的技術，在我國也進行了一定的傳播和推廣，但就我國以往情況而言，數據源和數據量都是相對欠缺的。2015 年國務院下發的《關於積極推

進「互聯網＋」行動的指導意見》指出要「促進智慧健康養老產業發展」。根據這一指導意見，國家相關部門於 2017 年先後發佈了《智慧健康養老產業發展行動計劃（2017—2020 年）》和《開展智慧健康養老應用試點示範的通知》，這些政策文件的頒佈，宣告我國的養老產業正式進入了「智能＋」時代[71]。

　　養老問題不僅體現在獨居老人的安全問題上，也體現在相關養老醫療服務機構不完善所導致的後果上，越來越多的老年人陷入「蘇大強」[1]式的焦慮。

　　「我一個老朋友之前在上廁所時突發腦出血不幸離去，那會兒他家中沒有其他人在，結果第二天有人發現他時已經出事了。」聽說个園社區將為老人安裝智能看護系統後，楊奶奶立刻喊了女兒回家一起去毛大爺住處參觀，她表示很想裝一套，「不會害怕摔倒爬不起來、喊不出聲了。」

　　「媽媽現在年紀大了，雖然目前身體也還硬朗，但是讓她獨居在家，我們怎麼都放心不下，想讓她跟我們一塊兒住，她又表示不習慣。」楊奶奶的女兒用計算機體驗着這套智能看護系統，當看到通過傳感器傳輸來的數據，可以實時了解老人在

1　2019 年 3 月首播的電視劇《都挺好》中一位老年喪妻的老人，面臨老年生活安置問題——編者注。

家的生活狀態時，她表示這個系統很實用，「就算是自己掏錢我也想在媽媽家中裝上一套，不然我成天都提心吊膽，上班時也放不下心，要能通過這套系統及時查看到媽媽的生活情況，我也就不緊張了。」

社區裝上「智能看護系統」後，或許能夠有效解決養老問題中制度化養老與家庭養老的矛盾，讓兩代人各得其所，老年人便可以過上「都挺好」的晚年生活。當社區養老服務趨向完善，解放子女的同時老年人也可以得到持續、可靠、專業的看護，兩代人在生活觀念、生活節奏上存在的種種差異和矛盾也得到了緩衝和部分解決，這或許才是兩代人「都挺好」的選擇。

此外，當下養老另一大問題是老人隨着年齡的增長而心智下降，例如生活在社區中的老人存在突然走失，甚至發病而來不及搶救的風險。當我們在為預防事故而提心吊膽的時候，一種依托養老機構對社區老人開展服務的全新模式為這一養老問題的解決帶來了新的曙光。如圖 5.2 所示，老年人通過穿戴傳感設備，可以讓各類傳感器發揮其智能感知、生物識別的物聯功能，再與計算機、網絡進行連接，通過對物聯網等新技術手段的融合使用，有效地解決養老看護的問題。

傾聽百姓聲音，回應民眾關切。要減少類似於「蘇大強」

圖 5.2　老人佩戴可穿戴設備（許康平／人民圖片）

走丟這類事件的發生，離不開大數據這個「助推器」，它可以在年老的父母與子女之間建立一個安全可行、可信、可用的有效「信息紐帶」，實現「老人情有所寄，兒女愛有所托」。

　　習近平總書記對此非常關注和支持，他在 2017 年 12 月中共中央政治局第二次集體學習時指出，要運用大數據促進保障和改善民生。大數據在保障和改善民生方面大有作為。要堅持以人民為中心的發展思想，推進「互聯網＋教育」「互聯網＋醫療」「互聯網＋文化」等，讓百姓少跑腿、數據多跑路，不斷提升公共服務均等化、普惠化、便捷化水平。要堅持問題導

向，抓住民生領域的突出矛盾和問題，強化民生服務，彌補民
生短板，推進教育、就業、社保、醫藥衛生、住房、交通等領
域大數據普及應用，深度開發各類便民應用。

　　換言之，在醫療健康衛生領域開發並應用大數據，符合
人民群眾期望、符合黨和國家要求，是社會發展大勢所趨。若
要滿足人民對健康美好生活的嚮往，就「不要在遙遠的距離中
割斷了真情，不要在日常的忙碌中遺忘了真情，不要在日夜
的拚搏中忽略了真情」[72]。那麼有沒有一個可以自行動態跟
蹤、全程監控並收集反饋老年人或其他病人日常活動情況、
身心健康情況和就診情況等，並精密計算的安全系統或者智
能應用呢？

　　隨着人口老齡化加快，各種智慧養老解決方案正在逐步
形成，並走向每一個老年家庭。移動終端實時收集老人的各項
生理數據，自動傳入雲端後進行分析及處理，主治醫生接收到
相關數據後，可以據此做出診斷或給出康復建議。此外，許多
智能終端系統還可以對老人進行日常健康監督，在具體數據分
析後可以給出運動及飲食指導。這項功能對於一些高危人群如
高血壓、糖尿病病人尤其實用，全天候的日常管理有助於為老
人定製個性化的健康管理流程。

　　每個人都將在走過漫漫旅途、看過山花灼灼後來到終

點，而醫療大數據所能做的不僅是在終點等你，它還將在人生漫漫旅途中為你保駕護航。

5.2 「數」有所為：生命的「精算符」

敬畏生命，「一個人」的籃球隊

2018 年 1 月 27 日中國女子籃球協會全明星賽上，有這麼一支特殊的球隊：5 名隊員有男有女，年齡相差甚遠，甚至有的人從來都沒有接觸過籃球。這 5 名身着紅色隊服的業餘選手正與職業女籃積極拼搶，雖沒有過人的球技和明星的光環，可一上場就贏得了大家的關注。

在他們的身上有一個共同點，那就是他們都是器官捐獻受益者，供體也都是來自湖南長沙的 16 歲少年葉沙（化名）。

2017 年 4 月 27 日，同學們眼中的「數學王」「化學王」「物理王」葉沙因突發腦出血去世，還沒等他的父母從喪子之痛中緩過來，湖南器官捐獻管理中心的工作人員便找到他們。

器官捐獻是一場同死神的賽跑，完成「生命接力」的時間十分有限。腎臟是 24 小時，肺臟是 8 小時，心臟是 6 小時……

　　在徵得葉沙父母的許可後，協調員將身高、體重、血型以及生化指標等資料上傳至中國器官分配與共享系統，根據系統的原則自動匹配，最終葉沙的器官救助了 7 名患者。

　　葉沙生前特別喜歡籃球，其中 5 名受捐者走上了賽場，幫助葉沙實現他生前還沒來得及完成的籃球夢。這 5 位隊員的球衣上都是葉沙的名字，並且畫上了自己所「接受」的器官。球衣上號碼分別是 20 號、1 號、7 號、4 號和 27 號，將這些數字串連起來是 2017 年 4 月 27 日，這既是少年葉沙離世的日子，也是這 5 位隊員重獲新生的日子（見圖 5.3）。

　　從女子籃球協會全明星賽場下來後，隊員們收到了一封

圖 5.3
一個人的籃球隊
海報
（圖片來源：中國器
官捐獻管理中心）

信，寄信人正是葉沙的父親。

信中寫道：「⋯⋯葉沙的離去對我而言，所有的一切都不重要了，今天不重要，明天也不重要，生活不重要，生命也不重要。你們的出現讓我有了繼續活下去的理由⋯⋯葉沙在我身邊生活了 16 年，而今，我將這 16 年的感情揉成了若干份，分派到你們每一位的身邊，願你們帶着葉沙的眼去感受燦爛陽光，帶着葉沙的心去感受多彩的世界⋯⋯」

這支「一個人的籃球隊」讓世人體悟到人性的張力，也許死亡最好的、也最浪漫的結局，就是生命以另一種大愛的方式延續。

在沒有開發中國器官分配與共享系統（COTRS）之前，捐獻系統、受體分流系統並不直接相連通，存在信息壁壘，導致了供體浪費。另外，早年人體器官移植技術的不成熟、免疫抑制劑應用效果不理想等，也會導致移植手術失敗，造成供體浪費。

為解決等待器官移植的患者排長隊、望穿眼，「供需」缺口大，以及不同的信息系統數據不連通等其他主客觀問題，2013 年 9 月，在經過兩年多試運行後，香港大學醫學院於 2011 年 4 月開發的 COTRS 系統終於正式上線，目前該系統覆蓋有器官移植資質的醫院達 200 餘家（見圖 5.4）。它通過大數

據技術進行器官供體及受體的匹配，大大提升了器官移植分配的效率。系統會為每一名等待移植的患者生成一個分數，當出現供體的器官捐獻後，患者這個分數的排序將成為器官分配先後順序的最重要依據。

據當時負責協調葉沙器官捐獻的湖南省人體器官捐獻管理中心主任何一平介紹：「葉沙的數據上傳至 COTRS 系統後，通過系統的數據匹配，接到的反饋是湖南省一名小朋友正在等待心肺移植。但當胸肺科的護士長來接器官時，匹配上的最終受捐者卻是 49 歲的劉福。」

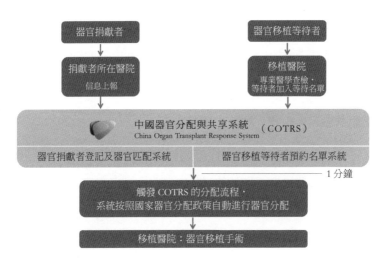

圖 5.4　器官捐獻、移植工作簡易流程圖（圖片來源：COTRS 系統）

　　原來葉沙雖然只有 16 歲，但身高一米八，身體健壯、結實，而配型成功的湖南的小朋友胸腔比較小，如果移植葉沙的心臟可能會碰上小朋友的胸壁，最終兩人數據匹配失敗。得到失敗反饋後，系統根據患者醫療狀況的緊急程度和器官匹配程度等要求返回篩選階段，無任何人為干預，系統迅速自動執行篩選及運算後，這次才匹配上患有矽肺病三期的劉福。

　　自 2013 年 9 月 1 日 COTRS 系統正式啟用以來，截至 2019 年 1 月 13 日，分配的捐獻器官達 61 902 個。

　　隨着 COTRS 系統的不斷升級，更加「科學」「公平」和「透明」的器官移植分配大數據將供體器官與受贈者的匹配時間極大地縮短，從而給予更多即將失去生命的人重生的機會。

交匯共融，大數據「把脈」精準醫療

　　過去，人們在很長一段時間裏總將癌症與其他病症區分看待。癌細胞具有一定的特殊性，它是由我們自己身體的正常細胞變異而來的，並不是通過外界感染或傳染而來的細菌、病毒、微生物，這就使我們在治療癌症殺滅癌細胞的同時，會不可避免地傷害正常細胞，如何提高癌症的救活率便成了首要

問題。儘管目前癌症已經有了手術切除、化學治療、放射治療、生物治療、中醫藥治療等醫治手段，但患者往往是病情發展到中晚期階段才發現並確診，而此時往往已經很難達到理想的治療效果了。

2013 年，美國著名影星安吉麗娜·朱莉得知自己癌症易感基因 BRCA1 呈陽性，這一檢測結果表示其未來患乳腺癌的概率高達 87%，患卵巢癌的概率高達 50%，於是她決定通過接受預防性雙乳切除術及卵巢和輸卵管切除術來降低患癌風險，手術成功地降低了患病的風險[73]。如今人工智能與醫療大數據的聯合應用為疾病防治帶來了新的可能性，通過精準醫療中基因庫數據的分析，我們可以破解人體密碼，使高風險基因無處藏身。

目前，精準醫療已經進入分子生物學水平，可以圍繞腫瘤的基因突變方向來制定個性化的治療方案。對於複雜基因突變，現階段運用最多的就是基因測序技術和大數據技術，人類可以通過大量的數據積累來發現基因突變和癌變的關聯關係。

精準醫療已經在我國健康行業領域中邁出了堅實的步伐。2017 年騰訊參股的 Grail 公司，通過對循環腫瘤 DNA 信息的檢測並與已知的腫瘤突變基因序列進行大數據比對，在

一定程度上已經可以做到預測及發現早期癌症。而深圳的華大基因作為行業龍頭企業，更是致力於普及精準醫學，使每個家庭受惠，全面佈局腫瘤早期篩查，並結合各癌種的自身特點推出包括「初篩」與「精篩」在內的多種腫瘤早期篩查解決方案。

　　統計數據顯示，過去 30 年中，因惡性腫瘤死亡的人數不斷攀升。若能夠及早進行癌症篩查，早診斷、早治療，不僅可以起到更為有效的預防作用，也可以延緩惡性腫瘤的發展，降低癌症死亡率，更重要的是能夠減輕患者的痛苦和負擔，是被公認的癌症防控最有效的途徑。但對於癌症的防控與預診斷來說，如何在處理數據的極大工作量下有效地降低誤診率，則是另一個需要慎重考慮的問題。

　　2017 年 12 月 8 日正式發佈的騰訊首款醫療產品——騰訊覓影，為腫瘤的提前診斷帶來了新的可能（見圖 5.5）。據騰訊官方介紹，騰訊覓影系統所具備的「機器人思維」可以對癌症進行早期篩查。這一系統藉助深度學習技術，通過「抓取」各大醫院癌症診斷的大量內鏡檢查片，能快速、高準確率地判斷出有無病灶和異常，輔助醫生進行診斷。如今騰訊覓影已與全國 100 餘家三甲醫院達成合作共建聯合醫學實驗室。未來，包括胃癌、肺結節、糖尿病性視網膜病變、青光眼等早期篩查

項目，也將通過騰訊覓影陸續上線[74]。

　　醫療大數據的應用促進了腫瘤的診斷和治療方式在醫學研究和臨床決策中的轉變，並逐漸取得了預測、診斷、治療和監測智能化的發展成果。此外，數據挖掘技術被廣泛應用在許多方面，例如腫瘤診斷、輔助治療和疾病預警。在診斷、篩查、醫療記錄和檢測過程中，挖掘和分析大量數據可以更好地強化疾病的預防和控制，降低疾病的發病率，從而實現「治未病」[75]。

圖 5.5　騰訊覓影 AI 醫學影像產品（圖片來源：騰訊覓影官網）

5.3 「互聯網＋醫療」：醫患和諧的「公約數」

院長變身「患者」，看病難，比我想像的還難

2009 年全國兩會上來自雲南的人大代表王瑛接受了一次採訪，從該採訪的內容我們得知，就醫成本高與交通不便是雲南地區人民就醫的最大問題。實際上，那時城市裏的「看病難」問題也並不比農村容易解決，就在同一年，北京市回龍觀醫院院長楊甫德親自體驗了作為患者的求醫歷程。

楊院長為了去醫院問診他長期失眠的毛病，早上 5 點多就出門坐上公交車，6 點多到達醫院。他發現，儘管此時天剛剛亮，但醫院掛號處已經排起長龍，他只好跟在隊伍的最後，這一排就是近 2 小時。然而排到他的時候已經沒有心理科專家的號了，他只能選擇普通號。掛好號後他發現前面還有幾十號病人在等待，為此他又在人滿為患的大廳裏等了近 5 小時。大廳裏四處都能看到病人們或是倚靠欄杆，或是席地而坐，甚至有許多拖着大行李前來問診的外地患者。將近 13 點時，他才見到醫生接受面診。在此期間，楊甫德一直在掐表計時。

在這漫長的 7 小時中，楊甫德只有 4.9% 的時間用於看病問診，另外 95.1% 的時間都在排隊等候。最終，楊甫德發出感

歎：「我當了 30 多年醫生，今天更深刻地感受到了看病難，比我想像的還難。[76]」

有數據顯示，我國近半數的居民得病但不選擇就醫，29.6% 的居民該住院卻不去住院，「看病難」的問題已經成為一個關注度極高並且亟待解決的社會問題。而如今，阻礙城鄉居民就醫的問題正以可觀的速度減少。

智慧醫院，給患者做「減法」

移動互聯網技術日臻成熟的今天，大數據應用已與我們的生活息息相關。而在各大醫院微信公眾號預約掛號，利用微信、支付寶等電子支付手段結算醫療費用已成為常態。

2019 年 3 月「未來醫院」升級版在武漢市中心醫院上線。患者只用一部手機就能完成提前預約掛號，看病無須再帶上各種卡；只用支付寶裏的「阿里健康就診助手」就能準確得知前面還有幾位患者；走進醫院，也只需要使用該「助手」就能完成從院內導航到候診再到窗口取藥的全流程；而慢性病患者足不出戶就能與醫生連線遠程視頻複診，同時享受由專業配送人員提供的送藥上門服務[77]。武漢市中心醫院進行的革新只是全國範圍內醫療大數據應用場景的小縮影，「互聯網＋醫療」將會為傳統醫療帶來轉型升級。

目前陝西省正在積極推動省內互聯網醫院的建設工作，已經允許醫療機構使用互聯網醫院作為第二名稱，開展醫院的線上診療服務。隨着大量醫療硬件設備的小型化和智能化，醫生可以依據患者在居家或是公共場所活動時產生的客觀、真實數據，在醫療質量不下滑和信息不泄露的前提下，對一些常見的疾病進行在線診斷，患者的慢性病復查也可線上進行[78]。

智慧醫療給醫院帶來了巨大的變化，原來掛不上的號、排不完的隊、爬不完的樓梯，現在基本不復存在了。深圳市婦幼保健院紅荔院區門診部羅護士長對此有着最直接、最深刻的體會。在醫院經過智慧升級後，她曾收到一位孩子讓她深感溫暖的短信：「羅阿姨，你們醫院變化真大，一年多沒來，環境和便利程度都得到了提升。再也不用排那麼多隊，真是太好了！」羅護士長直言，在這家醫院工作了 35 年，看到醫院正在發生的改變，非常開心聽到患者這樣的「點讚」[79]。

終端 PDA，讓護理做「除法」

在醫院的一角，住院病房多位病人都在同時輸液，病房中充斥着病人的呼喊聲和此起彼伏的鈴聲。伴隨着護士們一聲聲「稍等，馬上來！」的應答，她們邁着忙碌的腳步來來回回穿梭於配藥間和病房……一天下來，就算是「鐵打的」白衣

天使也是身心俱疲。每天這樣重複的高強度工作，護理質量難以提升，更嚴重的是容易發生安全問題。

輸液看護成了一大難題。輸液時，家屬和病人往往為不能及時換藥而可能導致事故着急，同時老人和視力偏差的患者也困擾於無法正確識別輸液瓶上的印刷字體，從而產生極大的精神負擔。為了使這樣兩難的局面得到緩解，北京大學深圳醫院引入了包括輸液感應器、PDA 傳輸系統和病房傳輸系統的全閉環智能輸液管理系統（見圖 5.6）。

「病人在輸液時我們最怕發生一些突發情況而來不及處

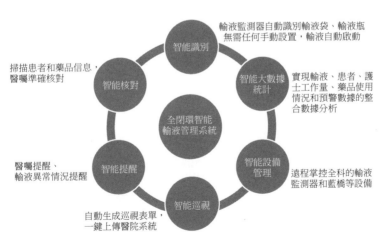

圖 5.6　北京大學深圳醫院的全閉環智能輸液管理系統（圖片來源：北京大學深圳醫院）

理，萬一錯過拔針的時間還有可能引起患者不滿。」北京大學深圳醫院一名護士在說起輸液看護問題時提到，「現在我們醫院應用了智能輸液監控系統，護士們工作時不用時刻提心吊膽，系統把我們從輸液看護中解放了出來，可以節省出時間多為患者提供其他服務。」

醫院大數據分析得出：沒有智能信息系統配備時，護士每進行 10 000 次輸液操作，就可能出現 3 次弄錯輸液對象的錯誤。而在應用了智能輸液監控系統的北京大學深圳醫院，護士會在輸液前通過 PDA 對患者腕帶進行掃碼確認身份，同時將患者的生命體徵測量數據轉入計算機端以及護理記錄中，患者即可進行輸液。如果身份信息不相符合，PDA 會用警報的方式制止輸液。

該全閉環智能輸液管理系統能夠實時監測患者輸液剩餘量和滴速，並將其數據遠程反饋，可提前對護理人員進行預警提醒。患者輸液過程中，剩餘液量和滴速在護士站的大屏幕、計算機上顯示，護士隨身攜帶的 PDA 上也能遠程查看。輸液過程中若出現了意外情況，例如「手腫」等，系統將發出遠程警報進行提醒，護士接收到便會去進行檢查。

過去在輸液部常見的多病牀同時呼叫的現象得到了極大的緩解，護士從「被動響應」轉為「提前做好主動安排」。過

去在聽到病人按鈴後，護士被要求在 2 分鐘內趕到，有時候護士忙於手頭上的事，超時了都會被罵，心裏也很委屈。現在病人和家屬會說：「還沒叫你們就來了，你們服務很不錯！」[80]

遠程醫療，家門口的「專家」

相隔天涯，專家遠程為病人做一台手術，這可能嗎？

據人民網福建頻道 2019 年 1 月報道，北京 301 醫院肝膽胰腫瘤外科主任劉榮，在位於福州市長樂濱海新城的中國聯通東南研究院內登錄了 5G 網絡，通過遠程操縱器械，實時為位於福建醫科大學孟超肝膽醫院中的一隻小豬治療，進行了肝小葉切除手術。

這是華為聯合中國聯通福建分公司、福建醫科大學孟超肝膽醫院、北京 301 醫院、蘇州康多機器人有限公司等通力完成的全球第一例 5G 遠程手術。5G 網絡的傳輸速度優勢使得遠程手術的穩定性大大提高，從而降低了手術的操控風險。據悉，在 5G 網絡環境下，這台遠程手術機器幾乎可以做到兩點同步。

術後，劉榮醫生表示，正是 5G 技術帶來的身體感官的真切體驗和高清視頻的高速傳輸，保證了本次手術的成功，也為日後 5G 遠程外科手術的臨牀應用創造了相應的條件。

2019 年 3 月 16 日，位於 3 000 千米外海南島南部的凌志培醫生通過遠程操作北京 PLAGH 醫院的儀器將一個腦起搏器植入病人的大腦。長達 3 小時的手術順利完成，這位患有帕金森綜合征的病人術後感覺良好。

由於視頻卡頓和遠程控制延遲，4G 網絡無法進行外科手術。而如今，5G 技術解決了這些問題。

計算機連接至華為開發的 5G 網絡後，為手術全程帶來了低延時、高清晰度、高穩定性的實況傳播，有利於更加精細的會診和手術操作。「你幾乎感覺不到病人在 3000 千米之外。」凌志培醫生說。

5G 網絡相比上一代網絡具有大帶寬、低延時、廣連接的優勢，因此以之構成的遠程手術協作系統網絡能夠充分保證遠程手術的穩定性、實時性和精確性。通過 5G 遠程會診、5G 遠程體質檢查等特色應用，可以實現醫學監測、指導和醫學操作的全新突破。

通過 5G 和大數據的配合，病患信息在患者、醫生以及醫院各部門之間實現了靈活交互，快速對系統內醫療數據進行收集和積累，從而可以使醫護人員打破時間和空間限制，有效保持診療過程的連續性和準確性，最終達到釋放更多醫療資源、提高醫院公共服務能力的目的。

5G 助力醫療無疑是智慧醫療行業未來的福音。我們可以預見，未來不會只有醫生及醫務人員充當全部的醫療勞動力，而是通過技術將勞動力合理分配，創造更多有助於醫生工作的勞動力以及醫護資源，打破醫療資源分佈不均衡的格局，讓醫療資源向基層下沉、向落後地區下沉，讓偏遠地區患者享受同樣的優質醫療服務，從根本上解決「看病難」的問題。

5.4　醫療「聯姻」區塊鏈：念好隱私的「緊箍咒」

大數據時代，「止泄」刻不容緩

當今已是全球經濟技術一體化的時代，我國的醫療健康行業已經與信息技術深度融合。儘管醫療大數據蘊藏着巨大潛力，但由於技術和法律法規等方面尚未完全成熟，數據安全面臨着極大的考驗。大量的有效數據也帶來了信息泄露的風險，這對於個人、醫院、企業和政府來說都是極大的威脅。

2017 年 9 月，四川省廣元市公安局破獲了一起新生嬰幼兒信息泄露事件。涉案人徐某供職於成都市某社區衛生服務中心，利用職務之便，多次從成都市某婦幼信息管理系統非法下載 2016—2017 年的新生嬰兒信息及孕婦預產信息數據 50 餘萬條，並將全部信息進行售賣，導致了一系列惡劣後果，比如：

孩子剛出生，就有人給其父母打電話推銷月子餐、嬰兒奶粉和尿不濕等；孕婦剛到醫院掛號，就有各色人等圍繞其身邊推銷「保胎神藥」……數據泄露給當事人帶來了極大的困擾。

無獨有偶，2016 年 7 月，詐騙者將目標對準了艾滋病患者群體，將詐騙電話打給了全國超過 300 名的艾滋病患者。他們打着政府的名義，以領取醫療補助的理由向患者索要手續費。因為在電話中，詐騙者能報出詳細的患者信息，包括姓名、就診時間、拿藥地點和身份證號碼等個人信息，因此有不少艾滋病患者上當受騙。

若患者的個人信息沒有得到有效監管和保護，就很容易讓內部和外部人員通過違規操作盜取信息。盜取新生兒信息的徐某就是憑藉賬號權限進行信息下載及竊取，而在案發之前這些異常行為均未被察覺和捕獲。

那麼，如何才能更好地避免以上情況呢？有沒有一個類似於唐僧給孫悟空戴上的「緊箍咒」來保障信息安全呢？

區塊鏈技術，讓「隱私」不再受傷

醫療大數據在給居民健康和醫療研究帶來便利的同時，也帶來了一系列數據泄露和個人隱私暴露的問題。事實上醫療大數據早已不只在健康醫療行業中實現聚合，而且在不同公共

部門之間流轉。數據經過採集、加工和應用，突破了衛生健康、工信、民政、公安、社保、環保和食藥品監管等多個部門之間的壁壘，這一現實情況無疑給衛生相關部門帶來了更加難以規避的隱私泄露風險。這種醫療數據共享與患者隱私保護之間的矛盾，在發達國家同樣存在。

2018 年 7 月 12 日，新加坡遭遇了截至當時最嚴重的網絡攻擊，其中「新保集團」數據庫從 2018 年 6 月開始遭到「黑客」攻擊，失竊數據涵蓋 2015 — 2018 年約 150 萬名就診人員的個人資料和 16 萬人的門診開藥記錄，這其中甚至包括了新加坡總理李顯龍、榮譽國務資政吳作棟及多名部長級官員的個人資料和門診記錄。

事實上，81% 的數據泄露事件都與身份信息被竊取有關。由於醫療信息化工作的特殊性，一些身份信息的保護環節較為薄弱，如多維度人員的存在、密碼管理不到位、信息訪問缺乏有效監督以及管理級別人員的權限監管不明確等情況。

2015 年全國兩會期間，已有多位全國人大代表呼籲應加強醫療大數據背景下的隱私保護及數據信息管理工作。尤其是近幾年國家大力推行分級診療、社區治療，使隱私保護工作顯得更為重要。醫療行業從業人員必須意識到他們正面臨與金融服務行業相同的威脅。為了及時發現數據泄露風險並採取有效

措施，建立保護機制是十分必要的。

　　基於區塊鏈的醫療健康平台將採用分佈式的記錄方式，不再像傳統的醫療健康數據平台那樣，由平台持有用戶的所有信息，而是每一位用戶手上都有一份「賬本」，它是數據的安全屏障。

　　基於區塊鏈，各種醫療信息數據被翻譯為密文，通過密文存儲和發送，確保了數據存儲和流轉不被截取或被盜竊後進行解密。區塊鏈技術能界定功能權限，可以杜絕未經授權的訪問，也可以避免信息泄露的威脅。

　　此外，區塊鏈技術可以防止醫療過程中產生的敏感數據被篡改，並能實現可追溯的精確定位。它可以為醫療數據庫搭建一個誠信、公正、安全的共享平台，使醫療健康產業得以實現數據的可信交換和驗證。有了區塊鏈技術，醫療數據仿佛穿上了一件「防護衣」，即使面對的是一個數據爆炸的時代，我們仍然能夠放心就醫。

　　人類追求美好生活的步伐從未停止。在不久的將來，隨着醫療大數據的逐漸深入應用，一個「生有所養，病有所倚，老有所依」的生命全周期健康管理模式將真正走進我們的生活，陪伴人類度過漫長歲月的將不再是揮之不去的擔憂或醫療儀器的忙音，而是更有溫度的醫療大數據。

　　我們有理由相信，這一天將不會太遙遠。

第六章

無僥倖天下：
一個更安全的中國社會

要把大數據作為推動公安工作創新發展的大引擎、培育戰鬥力生成新的增長點，全面助推公安工作質量變革、效率變革、動力變革。

——習近平總書記
在全國公安工作會議上的講話[81]

6.1　要是此案在中國，早破了 [1][82]

2017 年 6 月，美國一起離奇的失蹤案牽動了許多華人的心。26 歲的中國女留學生章瑩穎在伊利諾伊大學香檳分校附近失蹤，美國警方獲得的最後線索是：6 月 9 日下午，章瑩穎上了街邊的一輛黑色轎車，街口的一個攝像頭錄下了這個過程。由於像素過低，車牌號碼無法辨認，但警方通過該車的顏色、型號和外觀，在伊利諾伊州的車輛數據庫中進行了甄別和排查，6 月 15 日，警方確認了涉案車輛。圖 6.1 所示為美國警方公佈的章瑩穎失蹤前畫面和涉案車輛畫面。

該車車主承認章瑩穎曾經搭過他的車，但強調她中途就下車了。在隨後的調查中，警方又發現這名嫌疑人曾經在 4 月訪問一個在線論壇並搜索過「綁架」「完美綁架」和「如何策劃一次綁架」等關鍵詞。6 月 29 日，在電話監聽中，警方甚至聽到他向別人承認自己綁架了章瑩穎。

次日，警方逮捕了這名嫌疑人。雖然圖片、文字、音頻、網絡記錄都表明他和此案高度相關，但半年過去了，因為

1　本章部分內容編選自本書編著者之一涂子沛 2018 年在中信出版社出版的《數文明：大數據如何重塑人類文明、商業形態和個人世界》一書。

缺乏關鍵證據，他仍拒絕認罪。章瑩穎從此人間蒸發、再無音訊，媒體和社會都認為她早已遇害。2018 年 1 月 19 日，在聯邦司法部長的指令下，聯邦檢察官提交了將在本案中尋求死刑判決的意向書。直到 2019 年 8 月，章瑩穎失蹤案才最終宣判——罪犯克里斯滕森被判終身監禁。而此時距離章瑩穎失聯已經過去了兩年多。

注：左上圖為當地時間 2017 年 6 月 9 日 13 點 35 分，美國伊利諾伊州厄巴納市一輛巴士的攝像頭拍下的章瑩穎畫面。其餘為涉案車輛被不同地點的三個不同的攝像頭拍下的畫面，其中右上圖為受害人站在路邊與涉案車輛司機交談。

圖 6.1　美國警方公佈的章瑩穎失蹤前畫面和涉案車輛畫面（圖片來源：伊利諾伊大學警方官網）

　　章瑩穎的不幸在中國激起了漣漪。2017 年 9 月，筆者來到蘇州工業園區，應邀為當地政府規劃設計城市大腦。蘇州是一個祥和、美麗、發達的江南城市，但它也有「成長的煩惱」，城市在轉型升級，管理卻在拖後腿。作為中國園區建設的領頭羊，蘇州工業園率先在江蘇省啟動了城市大腦的建設。在一次公安專題會議上，我們談到了章瑩穎案。一名公安局局長說：「我研究過章瑩穎案，要是此案在中國，早破了！我們的高清攝像頭可以辨識車牌，還可以還原一輛車在城市中的行駛軌跡，這些都是關鍵證據。」

　　他準確地捕捉到美國警方遲遲不能結案的要害，自信的表情給我留下了深刻的印象。碰巧的是，當天晚上，他的邏輯和底氣又在電視屏幕上得到了印證。9 月 18 日，紀錄片《輝煌中國》在中央電視台黃金時間開播，當天的那一集恰恰以蘇州為例，濃墨重彩地介紹天網：中國已經建成世界最大的視頻監控網，視頻攝像頭超過 2 000 萬個，這個叫「中國天網」的大工程是守護百姓的眼睛。

　　一名蘇州警察登場，他介紹說：「我們的路面監控覆蓋率已經相當高，比如發生一個違法犯罪警情時，我們可以根據需要，調整到嫌疑人身上的某一個點位。我們的任務就是根據這些信息，研判可能誘發犯罪的蛛絲馬跡。利用人工智能和大數

據進行警務預測，這在中國不僅已全面普及，而且水平位居世界前列。」

「超過 2 000 萬個」成了我們第二天飯桌上的話題。2 000 萬個是「起步價」，大家爭論究竟會有多少個。攝像頭雖小，但也有管理維護的成本，按中國的人口和地域計算，究竟應該安裝多少個，該不該封頂？和其他國家對比，是應該算總數還是人均數？攝像頭數的增長反映了什麼問題，是物聯網的普及、治安有保障，還是世風日下、隱私侵擾？

談到視頻監控，有不少人的第一反應都是不安和反感。筆者認為，在整個社會對攝像頭已經抱有警惕和不安情緒的情況下去統計它的數量，得出的結果肯定是扭曲的，這是統計科學與生俱來的一個難以解決的問題：當我們意識到一件事情需要統計再去統計的時候，往往很難獲得真實的數據，而在這之前卻可以。這個悖論稱為「統計第一性」。

我們可以從其他統計數字和新聞報道中找到一些蛛絲馬跡。有一些報道的出發點是強調公安部門通過視頻監控提升了破案率，攝像頭數量是作為「輔料」而不是「主菜」出現的，它的可信度就更高。

據互聯網統計公司 Statist 統計，截至 2014 年，美國有約 4 000 萬個攝像頭，平均每 8 個人擁有一個攝像頭；英國有

580 萬個攝像頭，平均每 11 個人擁有一個攝像頭，如果在倫敦生活，一個人一天之中可能會被攝像頭拍下 70 次左右 [83]。而據全球信息研究公司 IHS Markit 2018 年 7 月發佈的《2018全球視頻監控信息服務報告》顯示，我國當時約裝有 1.76 億個監控攝像頭 [84]。

據公開報道，深圳特區破獲的刑事案件中，有一半是通過視頻研判找到的破案線索；廣州的視頻破案率從 2011 年的 10.51% 躍升至 2016 年的 70.96%；福建晉江利用視頻監控破獲的案件佔案發總數的 70% 以上。「只要你在街頭閒逛一兩分鐘，就會被治安防控的高清攝像頭掃到。」晉江市公安局的總工程師這樣介紹當地的安防建設。

這「閒逛的一兩分鐘」已經成為重要的破案資源。2012年 2 月，武漢警方成立了全國首支視頻偵查支隊。2013 年 12月，深圳也成立了視頻警察支隊。全國各地還有數不勝數的城市公安部門，在刑偵支隊內設了視頻大隊。

當我們細究攝像頭時，就會發現在窺視背後，還有一股強大的力量：人性對安全和信任的需要。

現代城市是一個陌生人社會，這和傳統的鄉村社會完全不同，陌生意味着不確定，不確定就會引發人類心理上的不安全感。

一個城市要怎麼樣才能安全呢？ 1961 年，美國城市學家雅各布斯（Jane Jacobs，1916—2006，1974 年加入加拿大籍）出版了其經典著作《美國大城市的死與生》（*The Death and Life of Great American Cities*），她在書中寫道，一條街道兩邊樓房的門窗都應該面向街道而設，如果背向街道的房子過多，這條街道的治安就會不好，因為它們失去了「眼睛」的保護。她觀察到鄰居之間可以通過經常打照面來區分熟人和陌生人，從而獲得安全感，而潛在的「要做壞事的人」則會受到各路人員的目光監督。雅各布斯據此發展了「街道眼」（Street Eye）的概念，主張保持小尺度的街區和街道上的各種小店舖，用以增加人們相互見面的機會，從而增強公共區域的安全感。

今天的時代已經和雅各布斯當年的時代全然不同。世界上越來越多的城市都在大興土木地發展道路，傳統街區正在消失，人口流動正在加快，人們傳統的聯繫紐帶正在一點點斷裂，雅各布斯所倡導的「街道眼」越來越難在寸土寸金的城市中存在。

無形之中，人工之眼已經成了新的解決方案。放眼世界，絕大部分城市都在鞏固和建設這個新的基礎設施，一個又一個的攝像頭之城正在誕生。而且，除了政府管理部門，還有

公司、家庭和個人不停地安裝攝像頭。天網不是單維的，它至少已經出現了三個維度，它已經深入到了城市的微生態和小場景，並發揮着不可小覷的「微管理」作用。

6.2　城市「視網膜」如何看見

　　蘇州工業園區之行一個月後的國慶節，筆者在廣東潮州一位朋友家做客，他住在一幢普通居民樓的三樓。朋友在樓下的門廊處安裝了一個攝像頭，家中客廳的一塊小屏幕時刻「直播」着樓下的情況。他告訴我，這麼做是為了守護停放在樓下的摩托車。有一次，有人打他摩托車的主意，恰巧被他在屏幕上發現，他立刻對着喇叭大喝一聲：「做乜[1]！」對方驚慌而逃。

　　這也是「空中之眼」。筆者在潮州各個小區走動，發現類似的家庭攝像頭每個小區都有，而且不少，幾乎都設置在停車位、單元入口和樓梯通道。不可避免的是，經過攝像頭前的人也被記錄了下來，這常常引發隱私爭議，甚至出現了鄰里之間互相訴訟的案例。

1　粵語，意為「幹什麼」。

攝像頭引起的訴訟

　　顧某、董某是居住在廣州天河某小區的鄰居，雙方房子位於公共走廊的同一盡頭。2013 年起，雙方圍繞攝像頭，歷時 5 年，打了 5 場官司：（1）2013 年，董某發現自家門鎖常被破壞，就在門外、窗外安裝了兩個攝像頭，但顧某發現，家人進出房門等舉動被「監視」，遂以侵犯隱私為由訴諸天河區人民法院。經調解後，董某拆除了攝像頭。（2）不久，董某再次在門外天花板安裝了一個攝像頭並對着門口的公共區域，協商不成，顧某再次訴諸天河區人民法院，後經調解董某拆除了攝像頭。（3）2014 年 10 月，董某在自家大門的內門上安裝了一個貓眼攝像頭。內門關閉時，攝像頭的攝像範圍固定，但是當內門開啟時，能拍攝到顧某家的廚房。顧某又一次將鄰居告上天河區人民法院，法院認為，該貓眼攝像頭監視公共走廊的行為並未侵犯顧某的隱私權、肖像權，一審駁回顧某的請求。（4）一審後，顧某不服，向廣州市中級人民法院提起上訴。2015 年 9 月，廣州市中級人民法院做出「駁回上訴，維持原判」的終審判決。（5）二審判決後，顧某依然不服，向廣東省

高級人民法院申請再審。2017 年 11 月，廣東省高級人民法
院做出再審判決，撤銷一二審的判決，並判決董某於判決
生效之日起停止攝錄顧某進出住宅信息的行為。[85]

美國一家以社區為基礎的社交網站 Nextdoor，鼓勵每個
家庭把自己的攝像頭接入它的平台。單個攝像頭的覆蓋範圍有
限，但上百戶家庭的攝像頭聚合起來，就能形成一張覆蓋整個
社區環境的監控網絡。每個家庭只要安裝一個簡單的安防監控
軟件，就可以集合起多個攝像頭，實現統一監控，還可以把所
有的數據保存在雲端的存儲器。這個軟件是免費的，這意味着
只要連接、共享的攝像頭足夠多，一戶家庭、一個人就可以看
到整個社區的畫面和動態，局部相加，將會起到「1 + 1 > 2」
的效應；而社區中的任何一個攝像頭，隨時都可能有很多雙眼
睛在觀看。

民間的這些攝像頭，就好比在國有經濟之外的民營經
濟，我們最終會認識到，和政府相比較，民間更具活力，這還
只是「中國天網」的第二個維度。

除了「空中之眼」，今天的城市中還有無數雙「移動之
眼」，它們被安裝在城市公交車、出租車或私家車的前後視鏡
上，又形成了一張移動天網。

以浙江杭州和山西臨汾為例。2014 年杭州約 8200 輛公交車都安裝了攝像頭，一輛普通公交車標配 4 個攝像頭。依此計算，僅杭州公交車上的攝像頭數量就多達 3.28 萬個。[86] 其中，車頭的兩個攝像頭可以監控車輛運行時的前方路況，如果發現前方有車輛違規佔用公交車道，攝像頭可以自動拍照並把照片提交給交警部門。據報道，2016 年 12 月，僅僅 10 天之內，臨汾公交車上的智能電子攝像頭就抓拍了 230 輛機動車違法佔用公交車道的照片。[87] 同時，為了有效規範交通駕駛行為，杜絕「搶方向盤」[1] 事件發生，交通部還於 2018 年年底加緊部署了營運客運汽車安全監控整治行動，推動「移動之眼」實時跟拍「兩客一危」[2] 車輛，實現不安全駕駛行為的自動識別、自動監控和實時報警。

美國人少車少，章瑩穎的案子如果發生在中國，會不會經歷這麼多的波折？這很難簡單類比，但一位公安朋友曾經講過兩個真實的交通事故案例，反映出移動天網的無限可能。一個案例是某街偏僻處發生了一起交通事故，導致一人死亡，在

1　2018 年，重慶萬州、北京、武漢接連發生若幹起「搶方向盤」事件，給交通安全蒙上了一層陰影。

2　兩客一危，是指從事旅遊包車、三類以上班線客車和運輸危險化學品、煙花爆竹、民用爆炸物品的道路專用車輛。

現場缺乏監控的情況下，警方派出大量警力參與調查，兩周後終於在一輛過路車的行車記錄儀上找到了當時的視頻，還原了事故現場。在另外一起事故當中，一輛汽車和一輛電動車惡性相撞，根據路口的監控，是汽車闖了紅燈，但根據汽車的行車記錄儀提供的記錄，電動車也闖了紅燈，最後電動車和汽車雙方共同承擔了責任。如果沒有行車記錄儀的記錄，汽車方將負全責。

在事故責任認定和取證上，行車記錄儀常常起到關鍵作用。2016 年在南京浦口的一個三岔路口，一名女子被飛車搶劫。嫌疑人顯然頗有經驗，他讓自己的正臉避開了事發現場的攝像頭，但魔高一尺，道高一丈，接手這宗案件的南京警察更有經驗，他看到視頻現場有經過的車輛，就通過車牌號碼一一聯繫這些路過的車主，果然在一輛私家車的行車記錄儀上獲得了一個最佳角度的視頻，提取到了該名嫌疑人的體貌特徵，次日將其抓獲。[88]

這個三岔路口是嫌疑人精心選擇的犯罪現場，路過的車輛本來是他隱藏行蹤的最佳背景，但因為行車記錄儀的存在，沉默的背景突然反轉成為「目擊證人」，而且這位「目擊證人」的眼睛還帶有回放功能。如果提前預知這樣的場景，這名嫌疑人無論如何都不敢下手。

這些緊貼地面移動的攝像頭，當然也是「中國天網」的

一個組成部分。據公安部交管局統計，截至 2018 年 12 月，全國機動車保有量達 3.25 億輛，其中私家車 1.87 億輛。一個行車記錄儀只要三四百元，未來可能成為每輛車的標配。

官方天網、民間天網，再加上車載移動天網，構成了「中國天網」的「三體」，把這三體所有的攝像頭數量加起來，「中國天網」的攝像頭總數至少有 3 億。

我們應該積極創造條件、推動民間天網相連，同時讓行車記錄儀通過車聯網在雲端相連，它們一旦相連，將會釋放出更為驚人的力量。這種「聯」，不是像某些網絡直播平台那樣，把視頻搬到網上供大家觀賞。公安部門至少應該建立攝像頭登記制度，對商鋪、家庭安裝的攝像頭，尤其是在樓道、小區出口、停車位等關鍵部位的攝像頭進行備案登記，形成一個數據庫。當有案件發生時，嫌疑人的行進、撤退必定有一定的路線和軌跡，而沿途的攝像頭會記錄這個過程，留下證據。

6.3　邊緣計算：驅動計算之網

對於天網，大眾的認知將會發生一次跳躍式的升級。

未來的攝像頭，將不僅僅被用來收集數據，它還會對數據進行整合、分析和處理。人類很快就會發現，天網將是驅動

人工智能發展的重要發動機，將成為世界人工智能競賽的主戰場之一。

信息之於人類，可以分為三類：圖像、文字、聲音。人類接收它們的方式，主要是視覺和聽覺，其中高達 80% 是通過視覺，剩下 20% 才是通過聲音。圖像不僅多，而且人類對圖像也遠比對聲音敏感。人工智能的目標是要用機器代替人，那首先就要讓機器具備視覺和聽覺，即用攝像頭取代人類的眼睛和耳朵。說得更具體一點，就是今天的普通攝像頭必須成為智能攝像頭。

筆者認為，人工智能產業化的第一個大規模應用將不是機器人，而是智能攝像頭。所謂智能攝像頭，是指不僅能夠錄製圖像，還可以分析圖像，甚至收集、分析聲音的攝像頭。未來當你面對一個智能攝像頭時，它可能會通過人臉識別直接喊出你的名字，和你進行簡單的對話。

人類會首先因為智能攝像頭的普及——而不是機器人的普及，感受到一個人工智能無處不在的時代。

天網是地球上最大的影像數據來源，就此而言，天網就是「天眼」，這些數據是人工智能的寶貴資源。由於攝像頭的智能化，天網也將從記錄之網轉變為計算之網。

智能攝像頭的普及勢在必行，還有一個重要的原因。

　　攝像頭需要聯網。一座城市所有的攝像頭，就是一個城市的視網膜，如果把天網理解為「天羅地網」，那僅僅強調了它功能強大，能夠疏而不漏，這是不夠的。天網之「網」，更應該強調的是「聯」，即攝像頭連接成一片，實現數據共享。通過一塊屏幕可以調看、分析一個城市所有的攝像頭，實現跨攝像頭的定位、追蹤和管理，這也可以理解為「攝像頭聯動和接力」。

　　攝像頭數據聯網、共享，最大的難題是數據的存儲和傳輸。視頻文件「體積」巨大，記錄同樣一句話，視頻文件的「體積」約是語音文件的 100 倍、文本文件的 10 000 倍。視頻文件的傳輸也是互聯網需要面對的挑戰，雖然我們對視頻的需求只佔全部需求的 10%，但這 10% 的需求所產生的流量可能超過整個網絡流量的 90%。成千上萬的攝像頭 24 小時不間斷運轉，它們的視頻圖像集中到一起，其產生的傳輸流量將讓任何網絡都不堪重負。

延伸閱讀

雪亮工程推動攝像頭聯網

　　各類監控攝像頭聯網是中國政府近年來一直在推動的工作。2015 年 5 月，國家發展改革委、中央綜治辦等多個

部門聯合發佈《關於加強公共安全視頻監控建設聯網應用工作的若干意見》，要求到 2020 年，基本實現公共安全視頻監控「全域覆蓋、全網共享、全時可用、全程可控」，通過這 4 個「全」，在加強治安防控、優化交通出行、服務城市管理、創新社會治理等方面取得突出成效。關於聯網，要求兩個百分之百：在重點公共區域，視頻監控聯網率達到 100%；在重點行業、領域涉及公共區域的視頻圖像資源聯網率達到 100%。目前這一目標已基本實現。2016 年 10 月，中央政法委推出了以視頻監控聯網應用為重點的「雪亮工程」[1]。2016 年 11 月，福建泉州近 8 萬路視頻實現聯網，其中公安自建的一類高清視頻監控近 3 萬路；另外泉州還整合接入了「鎮村級視頻監控」「平安校園」「智慧交通」等二三類視頻監控近 5 萬路。泉州因此入選全國首批「公共安全視頻監控建設聯網應用示範城市」，是福建省唯一一獲此殊榮的地級市[89]。

1　山東省臨沂市是「雪亮工程」的發源地。「雪亮工程」2013 年在臨沂平邑縣開始探索，2015 年起全市推行，最偏遠的村莊也有攝像頭監控。2016 年，中央綜治辦會同有關部門推行「雪亮工程」，建設公共安全視頻監控並聯網應用，完善立體化社會治安防控體系。

2011 年，思科（Cisco）全球研發中心原總裁博諾米（Flavio Bonomi）開創性地提出了「霧計算（Fog Computing）」的框架和概念。

霧，四處瀰漫、無處不在，它可以被看作一種貼近地面的「雲」。「霧計算」借用了霧這個「四處瀰漫、無處不在」的形象。傳統的雲計算是把所有的數據都集中起來處理，但「霧計算」把一部分數據存儲在網絡的邊緣設備當中，並賦予邊緣設備分析的能力，讓計算直接在邊緣發生，減少對數據傳輸和中心服務器的依賴。

智能攝像頭將成為最典型的邊緣設備，即攝像頭會變成一台微型計算機，像「智能塵埃」一樣懸浮在空中、無處不在。例如，在十字路口承擔電子警察功能的攝像頭，其現行方法是把所有的影像數據都傳回後端平台，進行集中處理，這耗費了大量的流量不說，還存在滯後性。未來我們將賦予攝像頭計算能力，它可以直接實時判斷鏡頭中的車輛或行人是否違章，進而把判斷結果——僅僅一條文本信息反饋給後端中心，這將大大減少系統對雲計算、雲存儲和網絡帶寬的需求。

從邏輯上分析，筆者更傾向於把「霧計算」稱為「邊緣計算」。這是一個新的趨勢，以圖像識別為中心的人工智能將

為網絡邊緣賦能，越來越多的應用將配置在前端，關鍵數據也將存儲在前端。後端的計算資源將會被用於更細緻的、更高深的圖像整合和分析。

接下來，我們聚焦本章一開始提出的問題：為什麼中國警方如此自信可以還原類似章瑩穎案中一輛車的運行軌跡？

6.4　軌跡追蹤：賦能公共安全

軌跡是一系列帶有時間標記的位置信息集合。並不是所有的物體都會移動，但對一個會移動的物體而言，要研究它，就必須跟蹤它的軌跡。對此，人類在遠古時期就很清楚。

遠古時期，人類就發現星體在運動，而且正是這種運動影響了地球上的各種自然現象。出於好奇和恐懼，古人把視線投向了天空，在沒有任何科學儀器幫助的情況下，一代代人僅憑藉肉眼凝望、觀察，用最簡單笨拙的方法記錄太陽、月亮和星星的運行和位置，最後畫出了天體運行的大致軌跡。

通過這些軌跡，人類知道了一個太陽年大概是 365 天，一年有四季的更替。人類據此確定播種、收穫、遷徙、應對洪水潮汐等重要活動的時間節點。除了研究星體，人類還研究鳥

類和野獸。要發現它們捕食、遷徙和繁殖的規律，就要跟蹤其移動的軌跡。氣象學家、環境學家要研究颶風、龍捲風和洋流，也要從確認它們的路線和運行軌跡出發。

延伸閱讀

軌跡、數據和星體研究

記錄物體運行經過的點位，是最基礎的軌跡研究工作。1605 年，天文學家開普勒（1571 — 1630）面前擺着一張張滿是數據的恆星運行表，它記錄了太陽和其他星體幾百年間運行的位置。多年來，開普勒一直嘗試根據這些記錄找出星體運行的規律，他反覆嘗試了 50 多種曲線，但都和數據不符。有一天晚上，他突然意識到，如果行星圍繞太陽運行的軌道是橢圓，而不是前人一直認為的正圓，那麼哥白尼（1473 — 1543）和第谷（1546 — 1601）以及數百年來記錄的數據都可以得到解釋。這個設想最終被證明是正確的。因為正確地勾畫了行星運動的軌跡，開普勒隨後又確立了三大行星運動定律，這為後來萬有引力定律的發現奠定了基礎。開普勒因此被稱為「天空立法者」「星體立法者」。

人和車的移動是城市動態性最顯著的體現。相對於人來說，車輛的體積較為龐大，它在交通路口必然會留下影像，加上車牌這個獨特的標識，很容易被識別出來。因此，只要城市路口有足夠多的攝像頭，就可以拍下一系列帶有「時間戳」的照片，再以車輛的車型、顏色、行車速度和駕駛人員特徵為輔助，就可以畫出車輛行駛軌跡，並據此推測到天網未覆蓋區域的情況。

對車而言，天網最重要的部位是卡口。所謂卡口，是指城市中主要的、配有攝像頭的交通路口。卡口和電子警察並不相同，兩者的區別是，卡口會從正面拍下經過路口車輛的照片並識別車牌，而電子警察只針對闖紅燈等違章行為從尾部進行拍攝。對過往車輛，卡口的捕獲率已經超過 99%。極個別的遺漏可能是因為車速過快，或者兩車相距太近互相遮擋。除了少數逆光、眩光的照片，絕大部分照片中的車牌號碼都可以被成功識別。

車輛識別和真假鈔識別類似，在制式上必須有統一的模板。為了方便機器識別，中國近 20 年來一直以毫米為單位規範車牌的格式和佈局。1992 年的國家標準就禁用了英文字母「I」和「O」，以避免與阿拉伯數字「1」和「0」混淆；2008年頒佈的《車輛號牌專用固封裝置》（GA804—2008）又規定，

使用號牌架輔助安裝時，號牌架內側邊緣距離機動車登記編號
字符邊緣必須大於 5 毫米；車牌架外框不得帶有標誌、字母、
裝飾圖案，更不得遮擋號牌字符，否則將被視為違法行為。這
些規定都是為了方便機器識別車牌。

　　2017 年，中國各地陸續開始推廣左上角印有二維碼的新
型車輛號牌。二維碼信息與號碼相一致且具有唯一性，攝像
頭和民警執法時掃描二維碼，就能更快、更方便地查對車輛信
息，以甄別假牌、套牌車輛。汽車號牌識別原理如圖 6.2 所示。

　　這個情形，類似於人類向着一個目標奔跑，而目標本身
也在向着人類移動，兩者當然會更快地會合，達成目標。放在
今天大數據和人工智能的大背景下來說，就是人工智能在逼近
現實，同時人類也在改造現實，讓現實靠近人工智能。

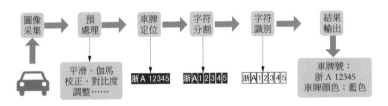

圖 6.2　汽車號牌識別原理 [1]

1　除了「I」和「O」，機器容易混淆的還有「Z」和「2」、「S」和「5」、
　　「B」和「8」、「D」和「0」等。

　　隨着車牌號碼識別技術的成熟，有公司推出了以圖搜車的功能。只要上傳一輛車的照片，就可以查詢出它被哪些卡口的攝像頭抓拍過，把這些記錄按照時間順序相連，就可以還原一輛車在城市中的行駛軌跡（見圖 6.3）。

　　2016 年下半年起，車牌識別的技術開始快速、大規模地普及。上海虹橋綜合交通樞紐集機場、火車站、地鐵站和公交站四位一體，密集的車流給管理帶來了巨大的挑戰。2016 年，上海虹橋綜合交通樞紐分析了一個月內車輛進出停車場的

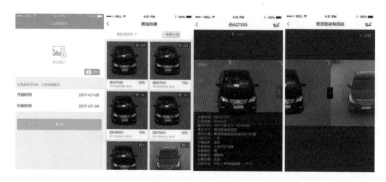

注：(1) 上傳圖片；(2) 顯示不同相似度的查詢結果；(3) 查看具體車輛信息；
(4) 用查詢到的結果照片與原始照片進行比對，獲得車輛的歷史數據。

圖 6.3　以圖搜車的 4 個步驟 [1]

1　圖片來源：東方網力科技股份有限公司官網產品「移動視頻監控平台」介紹。網頁獲取日期：2017.11.23。

數據，發現進出 100 次以上的車輛有 70 輛，其中一輛車進出
了 516 次，這些車輛如此頻繁地進出，明顯不是個人出行。在
逐個傳訊之後，絕大部分車主都承認了非法營運的事實[90]。
2017 年 5 月，上海虹橋機場停車場啟用了汽車智能識別系
統，車輛駛入車庫時不用再停車取卡，而是直接經由攝像頭智
能識別並記錄數據，涉嫌非法營運的多次到訪將會立即被發
現、被查處。

　　我們不妨就此展開更豐富的聯想和假設：如果一個城市
所有卡口和所有停車場的系統都實現連通，就可能以城市為單
位實現車牌的全域跟蹤識別，公安部門即可從全域軌跡數據中
發現線索和玄機，進行有針對性的檢查。

　　然而，目前要實現卡口和停車場數據的連通，困難還很
大，主要是因為城市停車場分屬不同的機構，是多頭管理。但
我們有理由相信，這是大勢所趨，遲早會實現。

　　對車輛軌跡的充分掌握，還為警方處理突發警情帶來了很
大的餘地。對肇事者或嫌疑人的車輛，警察原來的第一反應是立
刻追擊，這也是警匪大片中常常上演追車橋段的原因。但現在有
了天網，警察可以不着急，先「讓子彈飛一會兒」，等該車輛到
了車少的路段，再組織攔截抓捕，這樣可以避免引發交通混亂。

　　除了車輛的號牌，目前的圖像識別技術也支持對車型、

品牌、顏色、駕駛員等多維數據的自動識別。2016 年的《公路車輛智能監測記錄系統通用技術條件》就要求照片中駕駛員的面部圖像不小於 50×50 個像素點，這又衍生出一些新的應用。例如，「開車玩手機」也能被清晰地拍攝並識別出來。2017 年 6 月 1 日，浙江省內高速的 140 多個卡口開始抓拍「開車玩手機」的違法行為。由於取證難度大，以往在高速公路上「開車玩手機」的查處量非常小，但上線新設備後，警方在短短 5 天內就抓拍 4000 多起。從圖 6.4 可以看出，即使車輛在快速行駛中，攝像頭抓拍的照片仍然十分清晰 [91]。對「開車不系安全帶」行為的查處亦是如此。

圖 6.4 「開車玩手機」被抓拍的實景

隨着技術不斷進步，未來的人臉識別技術也可能被運用於此，由此實現「號牌＋駕駛員」的人車對號、雙重識別。我們不僅可以獲知一輛車分別被哪些人駕駛過，還能獲知一個人駕駛過哪些車輛。

說到這裏，我們就要向前邁一步，回答一個更重要的問題：天網可以還原一輛車的軌跡，那一個人的軌跡呢？對攝像頭而言，車過留牌、人過留面，號牌和人臉都是圖像，沒有區別，那我們可以根據天網的視頻還原一個人在城市中的活動軌跡嗎？

6.5　硬盤和眼藥水為什麼同時脫銷

長期以來，人類對自身移動軌跡的研究極為有限。在進入信息社會之前，對人類大規模的、長時間的、完整的、連續的軌跡觀測基本無法開展。如果真要追蹤，只能依靠人盯人的人眼戰術，或者是靠日記、訪談這種自我陳述的形式，描繪出一個人的活動軌跡。總之這個任務難度極大，沒有靠譜的辦法。

直到手機出現，這一狀況才有了改變。手機要通話，就必須不斷和基站之間產生信令交互。在廣袤的大地上，基站是按蜂窩狀來組網的，一個基站的覆蓋範圍大約為一個六邊形子區，酷似蜂窩結構。每個基站都發出不同頻段的信號，當用戶

從一個區域進入另一個區域時，手機就會從一個基站切換到另一個基站[1]。在此期間，如果進行通話、短信和開關機，都會被記錄下來。一個基站覆蓋的區域半徑可能從數百米到數千米不等，為節約建設成本，通信部門會儘量擴大一個基站的覆蓋範圍。因此根據基站來定位，只能推測一個大致位置，其精度取決於其蜂窩區域的半徑。準確地說，它只是圈定一個活動區域，無法確定具體的點位（見圖 6.5）。

如果把基站定位和以圖搜車兩個方法結合起來，就可能發生「化學反應」。

2010 年福建漳浦出現了一個盜車團夥，延續數年屢打不絕。2012 年 1 月，當地再次發生盜車案。警方掌握被盜車輛特徵後，通過以圖搜車發現該車在當天 16:10 經某關卡駛往潮州方向，此後便失去了蹤跡。警方又調取了該關卡所屬基站 16:07 — 16:15 的所有通話記錄，發現有一部可疑手機當天多次和一個潮州號碼通話，且在當天 15:00 — 17:00 的運動軌跡與被盜車輛的行駛軌跡非常吻合。警方通過將這兩組數據疊加，最終鎖定並抓獲了嫌疑人。[92]

---

1 根據工業和信息化部披露的數據，截至 2019 年 6 月，我國已經建成移動通信基站 732 萬個，其中 4G 基站 445 萬個，擁有移動電話的用戶達 15.9 億（其中 4G 用戶 12.3 億）。

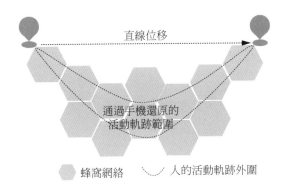

圖 6.5
基於手機基站的定
位方式只能粗略還
原用戶軌跡

直線位移

通過手機還原的
活動軌跡範圍

⬡ 蜂窩網絡　　⋯⋯ 人的活動軌跡外圍

延伸閱讀

軌跡研究的意義不止於公共安全

　　對人流軌跡的研究和應用並不僅僅局限於監控、辦案、抓嫌疑人。在城市空間中，人在不同地點的移動直接導致了交通網絡上的各種複雜現象，如果掌握了人的移動規律，就可以調整交通設施、預防交通擁堵。此外，軌跡研究也是社會學家的熱門課題，人的移動軌跡不僅記錄了人的地理位置，還記錄了人與社會的交互，反映了人們的生活與行為模式，乃至人與人之間的關係。有學者認為，看似隨機無序的個體行為背後，事實上在時空位置上有高度的規律性，人類活動在空間位置上具有93%的可預測性[93]。

除了利用基站圈定活動範圍，今天大部分智能手機都內置有 GPS 導航系統，或者能接入 Wi-Fi 信號。這兩種方式都可以輔助定位，而且精度比基站定位高很多，可以達到分米級。但是，這些數據都需要在用戶知情、同意並授權的情況下才可能採集。

這就是手機定位的軟肋，控制權被牢牢掌握在被追蹤人員的手中，機主只要關機，就可以切斷信號的追蹤。天網的作用因此凸顯。「只要你在街頭閒逛一兩分鐘，就會被高清攝像頭掃到」，天網的拍攝是不以人的意願為轉移的。

英國是最早建設天網的國家，也是最早嘗試在天網中使用人臉識別的國家。2005 年 7 月 7 日，英國倫敦的公交系統發生了一起爆炸事件，4 名受「基地」組織指派的英國人在倫敦的三輛地鐵和一輛巴士上引爆自殺式炸彈，造成 52 人死亡，700 多人受傷，整個交通網絡中斷。倫敦一個地鐵站裏就安裝有上百個攝像頭，地鐵站周邊的街道上還有數百個攝像頭，警方用人眼查看了數千小時的視頻，終於在 5 天之後成功鎖定了這 4 名嫌疑人。[94] 這是屏幕上的眼力戰。

更大規模的眼力戰發生在中國。2012 年 1 月，在南京的市場上，硬盤和眼藥水突然連續幾天同時脫銷。沒有人想到，這兩種商品的脫銷居然和一宗搶劫殺人案有關。這堪稱中

國治安史上的一個傳奇。

2012 年 1 月 6 日，南京和燕路發生一起持槍搶劫案，一名歹徒槍擊了一名剛走出銀行的男子，搶走 20 萬元現金。這宗案子立即讓南京警方聯想到一個人：公安部 A 級通緝犯周克華。他身負多條人命，被稱為「殺人魔王」，並且已經在逃 8 年。

由於作案手法極為相似，警方認定周克華已經從外地潛入南京。在進行全城佈控的同時，警方緊急調取各地監控視頻，試圖再現周克華的活動軌跡以進行圍捕。

公安部門調取了案發前後全市所有的監控錄像，把其內容複製到上千個硬盤中，分發給上千名警察，一天之內，南京警方就把市場上所有的硬盤都買光了。每名警察面前一台計算機，他們盯着一幀一幀的畫面，用人眼甄別人臉。當眼睛疲勞酸脹時，就仰起頭滴幾滴眼藥水，然後再接着看，只要人還沒有抓到，新的視頻就源源不斷而來。

類似的脫銷潮，其實在長沙也上演過。2009 年 12 月至 2011 年 6 月，周克華流竄到長沙，先後作案四起。匡政文，時任長沙市公安局視頻偵查大隊長回憶說，為了在視頻中找出周克華的蹤跡，全市 1 000 多名民警在短短兩個月內觀看了近 300TB 的監控視頻。每天晚上，匡政文一個人坐在辦公室，他必須梳理每一天新產生的視頻，只能緊盯屏幕反覆觀看，一遇

到疑點、難點就逐一記錄，每天睡眠不到三小時，第二天一起牀，他就要趕去視頻現場測量、查證。這樣看了三個月，匡政文最後成功地在海量視頻中捕捉到了周克華的正面清晰照，對案件偵破起到了重要的作用。

南京警方發現，至少在案發前 20 多天，周克華就已經到了南京並多次前往案發銀行踩點；案發後，他在南京多條街道出現過，還在超市購買過生活用品，而且途中乘坐的都是公共汽車。然而，無論在南京還是長沙，當警方通過人眼搜索還原出周克華的活動軌跡時，他事實上已經從容離開，潛入了新的城市。

這樣的人眼戰爭同樣也在美國上演。2013 年 4 月 15 日下午，兩枚炸彈先後在波士頓馬拉松比賽的現場爆炸，造成 3 人死亡、183 人受傷。警方抵達現場時的第一反應就是調閱現場視頻，試圖通過圖像拎出一條案情主線、發現嫌疑人。和南京周克華案不同的是，2013 年已經進入了熱鬧的社交媒體時代，爆炸發生時，成千上萬的人正舉着手機拍攝。警察除了要看天網的視頻，還要查閱數以千計的熱心群眾提供的手機視頻，因為很多人都聲稱看到了嫌疑人。

這些線索的梳理都要靠眼睛。波士頓警方立即成立了一個人眼小組，日夜觀看視頻。為了確認線索，其中一名警察反反覆覆地將同一段視頻看了 400 多遍[95]。配合現場目擊者的指

認，3 天之後，警方確認了嫌疑人，並在天網視頻和群眾提交的視頻中成功截取到了嫌疑人的正面清晰照。

既然警方獲得了嫌疑人的正面清晰照，那通過人臉識別算法，不是很快就能把嫌疑人從人口數據庫中比對出來嗎？事後警方也發現，兩名嫌疑人都有當地的駕駛證，他們的照片就「躺」在警方的數據庫裏，但是，警方使用所謂的人臉識別軟件找了半天，就是找不出人來，根本不管用。

無奈之下，警方使用了老套的方式：召開新聞發佈會，公佈嫌疑人照片，懸賞徵集線索。最後，這兩名嫌疑人（兄弟二人）的一名親屬認出了他們，提供了他們的名字和身份。

我們講述了英、中、美三國的人眼搜索故事。這個時期的天網只有眼睛，沒有大腦，最後只能靠人眼。今天的情形已經大不相同。雖然攝像頭越來越多且產生的數據量更為龐大，但攝像頭在快速聯網，它們拍攝下的視頻都被存儲在雲端，可以隨時調用。這意味着，如果再出現一個周克華案，警方也不需要用硬盤拷貝、分發視頻，幾千名幹警可以同時在雲端觀看。完全靠人眼對一幀一幀的畫面進行甄別的做法也成了過去，人臉識別技術的準確率已經大幅提高。硬盤和眼藥水不太可能再因為警察同時脫銷了。

下面我們要問的是：如果一個人在城市中活動的軌跡可

以被還原，未來的社會秩序將發生何種變化？大數據技術對於公共安全的終極意義又是什麼？

6.6　無僥倖天下：大數據重建社會的安全和秩序

如圖 6.6 所示，2018 年 8 月，據當地媒體報道，安徽阜陽的 4 個十字路口啟用了行人闖紅燈抓拍系統。如果有行人闖紅燈，他的現場照片和部分個人信息會在路口的大屏幕上顯示，交管部門還將通過人臉對接戶籍信息，確認個人身份。北京、瀋陽、寧波等地也啟用了類似的系統。

圖 6.6　阜陽「行人闖紅燈抓拍系統」(王彪 / 人民圖片)

這當然是動態識別，那為什麼上述案件中若干年前安裝在倫敦、波士頓的人臉識別不管用，而現今安裝在阜陽等地的系統又取得了成功呢？這涉及人臉動態識別的兩個關鍵問題。前文說到，交通卡口拍攝車輛的捕獲率已經達到 99%，這屬於靜態識別，在技術上已經成熟，但動態識別的準確率就差得多，連評價的標準都難以定義。問題的根源在於環境的不可控，光線、角度的變化以及攝像頭質量參差不齊，這些問題導致所抓取圖片的質量有高有低，而最適合計算機識別的圖片應該是正面、免冠、無表情的人臉。

由於行人過馬路一般是徑直向前走，大部分路口光線充沛、視野開闊，攝像頭可以設置在最佳的高度和角度。可以說，闖紅燈的場景介於靜態環境和不可控制的動態環境中間，屬於半控制的動態環境。

雖然是半控制環境，但可以肯定的是，目前的識別準確率距離 100% 還有相當大的差距。即使個別公司號稱其產品靜態識別達到 99% 的成功率，但在目標數據庫很大的情況下，99% 和 99.5% 就可能相差很遠，而一個城市，人口基數可能是幾百萬，深圳市人口總數甚至已經上千萬，人臉比對的難度很大。也正是因為受限於準確率，各大城市的執法部門還不能依據這些結果直接處罰，所以採用了曝光這種教育式的做法。

當然，這種教育是有效的。據統計，行人引發的道路安全事故佔全部事故的 16%，非機動車引發的道路安全事故佔事故總數的 33.4%，我國已經有近百個城市在試點、採納曝光行人過馬路闖紅燈的方案，以提高城市交通的文明水平。

提高動態識別準確率的關鍵，在於控制拍照的環境，這也給了技術人員新的啟發。中美兩國的警方都在設計開發新的產品，把人臉識別的功能嵌入移動警務設備當中，通過一線警察創造人為可控的環境，提高識別成功率。

如本書第一章所提及，2018 年 2 月，鄭州鐵路警方在全國鐵路系統中率先使用了人臉比對警務眼鏡，新聞報道說這款警務眼鏡可以通過人臉篩查出旅客中的不法分子（見圖 6.7）。[8]

注：左圖為美國聖迭戈警方用隨身攜帶的人臉識別設備確認路人身份[96]；右圖為鄭州鐵路警方使用的人臉比對警務眼鏡和手持設備（寧堅／人民圖片）。

圖 6.7　中美警方把人臉識別嵌入移動警務設備

　　這些設備為動態人臉識別增加了新的應用場景。未來的動態人臉識別，一是在街道上，警察可以攔住一個人，用人臉識別確定他的身份；二是在天網的監控中心，當人臉識別被整合進天網的每一個攝像頭，當智能攝像頭連接了雲端的犯罪嫌疑人數據庫時，就可以確認一個人的身份，再加上多個攝像頭的聯動，就可以還原一個人在城市中活動的軌跡。

　　筆者預計，未來的動態人臉識別將會非常普遍，人類將進入一個隨時記錄、隨時抓取並隨時比對的時代。回望照相機普及之初，政府要想採集一個人的人臉或者其他生物特徵，大部分情況下都需要獲得對方的同意和配合。更重要的是，這些數據的提取是一次性的、離散的。但如今已經大為不同，政府可以大規模地、持續地在公共場合獲得一個人的照片，而且不需要經過當事人的同意，甚至在當事人不知情的情況下就能獲得數據。這種能力，歷史上的任何政府都不曾具備過。

　　2016 年 8 月，轟動一時的甘肅白銀案告破，嫌疑人高承勇被抓。他曾經在白銀、包頭等地強姦殺害 11 名女性，手段極其殘暴兇狠。

　　而在茫茫人海中抓獲高承勇，與 DNA-Y 染色體的分析技術有關。這種染色體是父系遺傳的基因，據此可以圈定一個家族的譜系和範圍。此前，警方多次鎖定高承勇居住的區域，收集居

民的相關數據，但高承勇都僥倖避開。最後警方獲得了高承勇家族一名成員的數據，通過基因對比，發現其基因與案犯高度相似，於是逐步縮小了嫌疑人的範圍，最後鎖定了高承勇，在提取了高承勇的各種生理數據並進行對比之後，懸案終於真相大白。

縱觀人類打擊犯罪的歷史，我們不得不承認，因為受限於偵察手段，正義常常遲到，甚至缺席。但隨着大數據技術的普及，一切都在數據化，凡走過的，必留下數據，公安領域正在迎來一個巨大的變革時代。這其中，天網是關鍵入口，但天網不是全部。大數據觸角已延伸至公共安全的各個領域，公安工作正在演變為一項以數據收集、分析為中心的工作。

2003 年，杭州之江花園發生了一起入室搶劫殺人案，兇手連殺三人，隨後潛逃，再無音信。這一年，華人神探、刑事鑒識專家李昌鈺首次來杭，被問及這起血案，他也沒有辦法，只是說「只要時機到來，案子遲早會破」。

這話頗有無奈之感，但大家都沒想到的是，所謂的「時機」並不是機緣巧合，而是技術的進步。

20 世紀 90 年代，杭州警方開始普及「生物痕跡」的概念，引進了物證管理系統；2008 年，標準化採集儀器「搜痕儀」在杭州地區的派出所得到普及，它可以收集記錄人像、DNA、指紋、掌紋、足印以及鞋底式樣等數據；2012 年，這些信息

開始向雲端轉移，形成「物證雲」，任何一個嫌疑人的數據都可以在「雲」中和其他數據進行大規模的比對（見圖 6.8）。

2015 年 9 月，一名男性在諸暨一家面館因為爭吵抄刀砍人，當地警方因此提取了他的 DNA 等數據。在「物證雲」的跨市數據比對中，杭州警方突然發現這名砍人的男性就是十幾年前之江花園滅門案的兇手，這一點很快得到了確認。[97]

你可以說這是偶然，但在技術普及之後，這就是必然。

類似白銀、之江案件的告破，並不是個案，而是一個趨勢，這個趨勢不僅出現在中國，也出現在美國。2018 年上半年，美國警方就破獲了一宗幾乎和白銀案一模一樣的陳年積案。

1975—1986 年，美國加州出現了一名變態殺手，他至少涉嫌 12 起兇殺案、45 起強姦案，被稱為「金州殺手（Golden State Killer）」。[98] 辦案人員追蹤他 20 多年，查對過數千名嫌疑人，但都無功而返。

圖 6.8
浙江省已經聯網的「物證雲」：數據可以跨地區比對

20 世紀 90 年代：普及「生物痕跡」概念，引進物證管理系統

2008 年：采集儀器「搜痕儀」在派出所得到普及

2012 年：形成物證雲

2017 年 12 月，加州的一名志願者想到了一個新的辦法，她把已經掌握的案犯 DNA 上傳至一個尋親網站 GEDmatch，這個網站能夠分析上傳的基因子據，為人尋親溯祖、找到失散的家庭成員提供線索。果然，警察真的找到了一個和案犯 DNA 部分匹配的人。而這個人，正是案犯的遠親。憑藉這個重要的發現，警方將嫌疑人的範圍從上百萬人縮小至一個家族。在逐一排查之後，警方最終認定，已經 72 歲的迪安吉洛為「金州殺手」。2018 年 4 月，迪安吉洛被繩之以法。

在沒有數據的時代，一個人的經歷無從查起；在小數據時代，人們的經歷有選擇性地變成了紙質檔案，但依然沉睡在檔案館中；如今，人們幾乎每做一件事都會被數據記錄，事事有跡可循，一切數據皆存儲於雲端，無論經過多久也不會消失，任何蛛絲馬跡通過數據都可以得到分析和整合。

數據孤立時，個人的不同行為也是孤立的，一個人如果擅長易容術，就可以人前一個模樣、人後一個模樣；而數據一旦聯通，各種行為就可以彼此相聯繫、互相印證。數據如同探測器，通過「不正常」的數據，我們可以揭示其背後的非法行為。

數據即證據，就此而言，用好大數據，我們將邁入一個更加安全的時代。

據統計，全國公安機關命案現案破案率已經連續 5 年

超過 95%。2016 年，全國嚴重暴力犯罪案件比 2012 年下降
43%。2017 年 8 月，浙江省政府召開新聞發佈會，宣佈近兩年
來，全省命案破案率保持在 99% 以上；2017 年上半年，全省
治安案件數和刑事案件發案數分別同比下降 7.76% 和 28.59%。
筆者的公安朋友是這樣說的：「大數據和新技術太厲害了，我
們現在是有案必破，破積案、等案破、沒案破。」曾經，地球
的一半時間都籠罩在沒有光的黑夜裏。日落之後，流氓歹徒就
像野獸一樣出來尋找獵物。英國著名的哲學家霍布斯（Thomas
Hobbes，1588—1679）曾經在自己的作品中說，他最害怕的，
就是晚上一個人獨自躺在牀上。他不是害怕鬼怪，而是害怕有
人僅僅為了一點錢，就破門而入砸了他的腦袋。黑夜為犯罪提
供了掩護，人性中的惡和儆倖心理會集中在黑夜爆發。意大利
有一句諺語說：「在夜晚，貓會變成豹。」歷史數據也證明，
在沒有電的時代，如果城市夜間行人的數量增加，那麼城市的
犯罪率也會隨之上升，75% 以上的偷盜都發生在夜間。

　　19 世紀初，歐洲人發明了煤氣路燈，這成了人類治安史
上意義深遠的事件。1823 年，4 萬盞煤氣路燈照亮了倫敦 300
多千米的街道，巴黎、柏林、波士頓等城市紛紛仿效，煤氣路
燈風靡一時。當城市裏偶發騷亂，煤氣路燈也成為流氓首先攻
擊的設施。著名作家簡·奧斯汀（Jane Austen，1775—1817）

在她的作品裏這樣評價：「近 1000 年以來，英國沒有哪一種東西在預防犯罪方面所起的作用能和煤氣路燈相比」。[1]

　　19 世紀 80 年代，美國的愛迪生改進了電燈，在紐約市建立了世界上第一個供電系統，從此電在城市中快速得到了普及。電給城市帶來了穩定的、持續的光亮，在太陽這盞「燈」過後，還有別的燈照亮黑暗，黑夜和白晝的區別僅僅在於照明方式的不同。社會學家發現，隨着一個城市照明狀況的改善，該地區的犯罪率會有明顯的下降，或者說照明率直接影響了犯罪率。其中的道理是不言而喻的，罪惡總是藉着黑暗的掩護發生。今天的數據有同樣之功效，無處不在的攝像頭，快速有效整合的數據，它們無異於一種新的「光」，照向人性的幽暗之處，清除人類的僥倖心理。在這新的光芒中，數據正在重建社會的安全和秩序，催生出一個更安全、無僥倖的中國社會。

1　見簡・奧斯汀的殘篇《桑迪頓》（Sanditon，也譯為三地頓），作者於 1817 年開始創作但並未最終完成。

第七章

數據造夢：
為金融業挖出一座「金礦」

我們要抓住完善金融服務、防範金融風險這個重點，推動金融業高質量發展。

——習近平總書記
主持中共中央政治局第十三次集體學習時的講話 [99]

在新經濟時代，網絡化和數據化成為新的特徵。如今，你幾乎很難找到一家「傳統」的金融公司，金融與大數據的交叉融合顯得那麼順理成章且合乎情理，已成為不可阻擋的趨勢。

沒有生產線，沒有物流倉庫，沒有儀器設備，金融業本身就是數據生產、存儲、處理和傳輸的集合，它與大數據有着與生俱來的天然匹配。作為金融業的「三駕馬車」，商業銀行、證券公司還有保險公司，都依賴於實時運行的各種類型的業務交易系統，它們無時無刻不在產生和處理數據。與此同時，近年來湧現出的大量金融服務和金融監管創新，其背後也都有着海量數據作為分析和決策的支撐。

金融業得到大數據的持續賦能，有助於其實現精準營銷和風險規避，從而帶來更優的經營績效和更高的運營效率。而以阿里巴巴、騰訊等為代表的新興互聯網企業也正趁機逐步向金融業滲透，用數據造夢，挖出了一座又一座「金礦」。

7.1　點石成金：餘額寶背後的大數據故事

神祕項目誕生記 [100]

時間回到 2013 年，5 月的杭州，暴雨和悶熱天氣開始頻頻造訪。在黃龍時代廣場的支付寶大樓裏有個叫「春秋書院」

的項目室，一群年輕人在緊張而又興奮地忙碌着，這是一個內部稱為「2 號項目」的保密項目。該項目的旺旺交流群簽名上寫着「2013 支付寶祕密武器」。這個只有代號沒有名字的神祕項目，就是後來的餘額寶。

那麼餘額寶的業務背景是什麼呢？它與傳統的銀行理財項目之間有哪些本質差異呢？由此引發的對 IT 系統建設的需求又是什麼？有哪些非同一般的技術難點需要攻克？下文將層層抽絲剝繭，解答上述疑問。

餘額寶實際上是一種餘額增值服務，把錢轉入餘額寶相當於購買了由特定基金管理公司（天弘公司）提供的一款貨幣基金，由此可獲得一定的收益，收益率可能會高於一年定期存款利率；同時，申購和贖回沒有手續費，轉入門檻低至 1 元錢，餘額寶內的資金還能隨時用於網購消費和轉賬。這是一個從來沒有人做過，也沒有人知道該如何做的創新業務。

面對支付寶巨大的用戶群體、天文數字的清算筆數和 7×24 小時不間斷的服務能力需求，如何讓餘額寶系統支持「千萬級」甚至「億級」用戶的系統容量，如何實現基金的清算和直銷系統融合，成為餘額寶團隊面臨的第一個技術難題，這是傳統金融行業建設思路與互聯網技術路線的第一次衝

突。經討論後，團隊決定在一期項目建設中以較成熟的傳統金融技術路線為主[1]，使用高端硬件設備，提高系統的整體容量和性能以滿足創新業務的需求。

雲計算與大數據發威

2013 年 6 月 13 日，餘額寶正式上線，沒過多久，市場就帶來了第一個「驚喜」：業務量暴增。在上線後數分鐘內，用戶數激增至 18 萬；而到 6 月 18 日 21:30，用戶數突破 100 萬大關；截至當月月末，用戶數更是飆升至創紀錄的 251.56 萬。

驚喜的同時，爆發式的業務增長也給數據庫負荷和響應速度帶來了前所未有的衝擊。與餘額寶業務的持續高歌猛進形成鮮明對比的是，實時請求的響應時間在變長，系統的清算時間由最初的半小時逐漸變成 1 小時、2 小時、4 小時、8 小時。然而，技術架構人員的噩夢還未結束，隨着「雙十一」的臨近，支付寶希望拉餘額寶一同參與大促活動。支付寶對天弘

1　餘額寶一期建設，選用金證科技的 KCBP/KCXP 做集群，基礎架構採用傳統的 IBM/Oracle/EMC 的方案（IOE 的基礎架構）。為了減少直銷系統與登記結算系統的數據傳輸延遲，餘額寶決定讓兩個系統使用同一套數據庫架構。

公司提出的要求主要包括如下兩條：實時請求響應要達到每秒
1 000 筆以上；清算系統要能夠支持單日 3 億筆交易清算，且
清算時間要能控制在 150 分鐘以內。

面對這樣幾近「變態」的苛刻要求，系統擴容勢在必行。
然而，如果依然使用原有 IOE 架構，要達到預定目標，僅僅
硬件設備採購及中間件的許可費用就達到了數千萬元。傳統的
路線走不通，就要找新的方法。經過慎重思考，餘額寶決定通
過雲計算和大數據來解決新的問題。

使用雲計算與大數據技術支撐當時國內最大的基金直銷
與清算系統，是一項前無古人的工程。餘額寶二期系統經過兩
個多月的封閉式開發，於 2013 年 9 月 26 日正式上線。二期系
統上線後，前一天使用一期系統需要 8 小時完成的清算工作只
用了不到半小時就完成了；更讓人驚喜的是，餘額寶首次參加
雙十一活動，當天就完成贖回 1 679 萬筆，申購清算 1 288 萬
筆，系統為 639 萬用戶提供了服務，處理消費贖回金額達到
61.25 億元，轉入申購金額達到 119.97 億元，而完成所有的這
些清算工作，系統只用了 46 分鐘！

數據價值「挖掘機」

餘額寶業務的推出，在國內貨幣市場和金融業界一石激

起千層浪。上線短短六天，餘額寶就收穫了超過 100 萬的用戶。而據 2019 年 3 月 27 日發佈的天弘餘額寶基金年報顯示，餘額寶用戶已經超過了 5.8 億，相當於三分之一以上的中國人在使用餘額寶。餘額寶成立五年多來，平均每天為用戶賺 1 億，它不僅改變了用戶的理財習慣，也對銀行業產生了深遠的影響，讓中國的金融創新走在了世界前列。而這一切的背後，都有着大數據的影子。

天弘基金原本只是一家名不見經傳的小基金公司，2010—2012 年，天弘基金連續三年虧損，其崛起的關鍵就是引入了大數據，將阿里巴巴平台上的海量數據應用於金融領域。與其說餘額寶引領了一場互聯網金融的創新浪潮，還不如說是雲計算與大數據催生了餘額寶和這場浪潮。就餘額寶而言，大數據究竟改變了什麼？這些改變背後的驅動力又是什麼？值得我們去探究。

以餘額寶為代表的低風險現金管理工具的這一波創新，表面上是用戶資金的「螞蟻搬家」，本質上則是互聯網巨頭們利用大數據與人工智能技術對用戶價值的深度挖掘。餘額寶的出現，是阿里巴巴集團數十年電子商務數據（含相關支付數據）積累的結果。它掌握了數以億計用戶的個人數據，通過對這些數據的分析挖掘，可以很好地預判用戶的違約概率等

關鍵特徵。

　　某種意義上，可以說正是這些事實上的「網絡版央行徵信」般的數據，為餘額寶的業務發展提供了基本條件，同時也降低了做小額貸款和信用卡業務的門檻。例如，阿里巴巴集團將用戶購物、支付、轉賬等數據提供給餘額寶，餘額寶的數據分析師們通過對這些數據的深度分析，可以更好地預估未來一定期限內贖回資金的規模，從而更好地安排貨幣基金的流動性；更進一步，還可以對用戶的特徵進行分析，如用戶年齡、地域、瀏覽行為、搜索習慣、交易頻率等，可以更好地應對申購贖回，同時還可以對資金進行效益最高的期限配置。

　　其實，餘額寶二期系統已經不能稱為傳統意義上的直銷和清算系統了，它更像一台「數據挖掘機」，將每時每刻沉澱在餘額寶數據庫裏的海量用戶交易數據收集存儲並加以利用。那麼問題來了，如何存儲這些數據？如何使用這些數據？如何才能讓這些數據產生最大的價值？

　　在數據存儲技術方面餘額寶選擇的是阿里雲提供的開放數據處理服務（簡稱 ODPS）大數據平台。通過這個平台，餘額寶匯集了自身業務數據、阿里巴巴集團的電商數據和螞蟻金服集團的支付數據，可用的基礎數據維度超過二十個。

在數據使用方面，通過對用戶數據的挖掘，可以分析一個人的生命周期，如出生、上學、工作和結婚等；甚至可以還原一個人的歷史軌跡，比如每天走哪條路上下班，到哪裏購物，經常看哪類電影，在哪裏掃碼買過早餐等。具體到金融產品，通過數據挖掘，可以分析用戶的財富流動，了解他與外界的金錢往來，掌握他的地理位置與人際關係網絡，從而揭示其用戶屬性和消費行為。基於專業的隱私保護機制，經過信息的授權、過濾和脫敏，可以將用戶的交易數據、支付數據、理財數據都變成標籤，比如男性、白領、未婚、25 歲、IT 工程師和小額網貸優質客戶……這就是大數據在金融領域的價值所在，基於這些數據可以創造很多新的需求。在 2014 年中國互聯網大會上，支付寶國內事業群運營部總經理范馳指出：「餘額寶的成功要素之一是通過大數據管理 1 億用戶的流動性」[101]。

7.2　技術升維：大數據風控破殼而出

數據驅動之下的金融業，催生了眾多的金融業務創新。大數據風控，就是近年來最熱的名詞之一。

風險管理一直是金融機構中「越老越吃香」的崗位之一，

但近年來，風控專員等風險管理相關崗位的員工卻感受到了前所未有的壓力與挑戰。小王（化名）是金融老兵，從事過 2 年普通貸款的信貸審批，3 年購房貸款的審批，做風控管理已有 5 年多時間，但他在年前失業了。穿着筆挺的西服，在上海張江高科技園區的某個星巴克內，他像喝啤酒一樣猛灌一口咖啡後說道，數據分析系統正在取代傳統的風控模式，再用傳統的方式做風控已經不行了。

隨着普惠金融時代到來，借款客戶下沉，傳統風控成本高、效率低、速度慢、維度單一等問題越來越突出。與此同時，大數據對信用系統的覆蓋卻越來越廣，大數據風控破殼而出。

在新的時代背景下，對金融機構來說，大數據風控已經成為橫跨信貸、保險等場景的通用業務流程，成為普惠金融服務的重要環節。在最新的「中國金融科技創新企業估值榜」[102] 中，大數據風控公司佔比超過一半，數量達到 32 家。僅以其中第二名的京東金融為例，該公司有 3000 多名員工擔任風控和大數據相關崗位，佔員工總數的比例超過五分之三。與傳統業務相比，大數據風控人工參與度低、效率高。以小額消費貸款為例，傳統的信貸員一天最多審核 50 單，而大數據風控全程自動化，計算機幾乎不用休息，審批數量理論上

幾乎沒有上限。據了解，很多互聯網金融平台的風控自動化水平非常高，不少都在 80% 以上，而貸前的信用評估、防欺詐等環節，更是已經實現 100% 模型決策。筆者接觸過一個互聯網金融公司的風控團隊，規模約為 50 人，基本全部為數據相關崗位人員，他們的主要工作為數據清洗、模型優化等。可以這樣說，經過多年的信息化積累，金融業風險控制流程中留給人工的部分已經不多了。

那麼，大數據風控究竟為何這麼厲害，它背後的技術支撐是什麼？

顧名思義，大數據風控就是將海量的多維度數據輸入模型，由計算機系統自動判別借款資信狀況。大數據風控核心在於模型，尤其是變量特徵，將輸入的數據做成成百上千的變量，用於交叉檢驗。這就好比如果一個人說了謊，就需要不斷地編織謊言去圓，但在大數據面前，這種謊言很快就會無所遁形，很容易被識別出來。

如果說模型是大數據風控的核心，那麼數據，尤其是海量的數據，則是大數據風控的動力來源。目前可用於風控模型的數據主要掌握在互聯網平台企業、金融監管部門、國有大型銀行手中，數據流通不暢，這對大數據風控在更大範圍、更高層次發揮作用其實是不利的。

延伸閱讀

上海信數金融信息服務有限公司信用風險評估模塊實現原理

　　圖 7.1 所示的模塊可以有效匯集多渠道、多維度和多種類的海量數據，形成數據產品。對於金融機構來說，該模塊可以用於授信模型建立、貸款用戶信用風險自動識別和還款能力評估等方面，進而實現貸前審核自動化，優化徵信審核決策流程，降低總體成本，提高貸款效率。

　　涉及大數據風控的企業很多，各有特色、各顯神通，既有大型互聯網公司和國有金融機構的相關部門與團隊，也有專門聚焦大數據風控的專業公司。

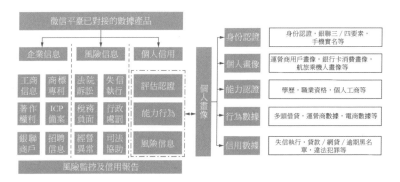

圖 7.1　信用風險評估模塊實現原理（圖片來源：上海信數金融信息服務有限公司）

　　從商業層面來說，大數據風控已進入 2.0 階段，由最初的反欺詐、信用評分等環節向全產業鏈衍生，如大數據技術在營銷獲客、貸後催收等環節的應用。業內企業都已推出各具特色的涵蓋貸前、貸中和貸後的全生命周期服務。

　　從技術層面來說，未來大數據風控技術將主要着眼於融合其他新技術來提升風控效果，如雲計算技術、人工智能技術和物聯網技術等。其中，大數據與雲計算技術結合，可以建立金融雲平台，提高金融機構的數據處理能力，更快地響應需求，提高風控系統的響應速度。通過物聯網技術中的各種新型傳感設備可以採集更多過去難以採集到的數據，進一步豐富數據維度，如車聯網數據可以豐富車險企業進行駕駛行為分析的數據維度，從而實現風險定價。大數據與人工智能的融合和優化，可以極大地提升數據風控的效果，如半監督學習[1]等新的人工智能技術在反欺詐等風控場景中，可以有效降低對數據和專家經驗的依賴。

1　半監督學習 (Semi-Supervised Learning，SSL) 是使用大量的未標記數據，並同時使用標記數據來進行模式識別工作。使用半監督學習時，可以盡量少投入人工工作，同時又能夠帶來比較高的準確性。

7.3　火眼金睛：大數據金融監管走上舞台

《中國金融科技發展報告（2017）》顯示，我國的金融科技應用水平已在一定程度上超過美國，正在成為全球最大的金融科技應用市場。然而科技創新對金融的影響是雙方面的，一方面推進了金融服務在效率和質量上的提升；另一方面，金融黑產也如影隨形，需要更強大的技術工具去實現有效監管。例如餘額寶的出現有力地帶動了互聯網金融行業的發展，但隨之也出現了 P2P（個人對個人）網貸行業整體過熱的情況。在這種新的歷史背景下，傳統的金融監管方法已經難以滿足需要，監管升級已成為金融產業鏈的關鍵環節。

銀監會 EAST 系統讓銀行監管體系更健壯

隨着金融服務方式的變化，金融監管機構的監管方式也在變化，其中最大的變化表現在大數據金融監管領域。目前我國金融監管機構在大數據金融監管方面處於全球領先方陣，並在收集金融機構數據的方式與技術方面不斷優化。

以銀行業為例，銀監會自主開發的檢查分析系統（Examination & Analysis System Technology，後文簡稱 EAST 系統）已經成為我國監管機構的火眼金睛。EAST 系統的成長經

歷了三個階段。第一階段是 2008—2013 年，系統在銀監會內部得到有效應用，極大地提升了檢查效率和監管水平，基本做到了「逢查必用」。第二階段是 2013—2017 年，2013 年是我國金融大數據監管從萌芽走向成熟的重要時間節點，經過 2013 年全年的推廣普及，EAST 系統在全國 36 家銀監局和 300 餘家銀監分局得到普及應用。到 2013 年末，系統在線生產數據達到 25 097.99TB，在線總存儲量 50 155.28TB。可以說，相比國內大多數行業，銀行業較早地進入了大數據監管時代。此後 EAST 系統進入一個相對低調的發展期。第三階段為 2017 年至今。2017 年 3 月 30 日，中國銀監會下發了《銀行業金融機構監管數據標準化規範》，並要求金融機構自 2017 年 7 月 1 日起正式執行[1]。銀監會期望通過強化 EAST 系統的數據收集能力，督促銀行業金融機構加強數據治理、提升風險防範能力和公司治理水平，進而增強金融監管機構對系統性、區域性風險的識別監測能力。截至 2017 年 6 月底，EAST 系統在全國範圍內共採集監管標準化數據 934TB，積累各類監管數據模型上萬個，涉及 2 675 家銀行業金融機構，範圍覆蓋全部商業銀行

1　EAST 系統功能主要包括：1）對違規問題的精確制導；2）對業務流程的全面梳理；3）對專項風險的深度分析；4）對業務風險的持續檢查；5）對風險模型的嘗試建設；6）對檢查實施的規範管理。

和 85.5% 的銀行業金融機構資產。其中按日採集的有 500 家法人機構，按周採集的有 164 家，按月採集的有 1 574 家[1]。自此 EAST 系統進入了 3.0 時代。

　　對商業銀行數據結構的分析整理是 EAST 系統成功的關鍵環節，EAST 系統使監管數據實現了標準化。系統在 1+N 可擴展架構的基礎上，針對銀行會計、交易、管理三個維度的原始數據，通過合併同類項式的逐筆採集，讓數據標準化的過程貫穿數據採集的過程。圖 7.2 所示為 EAST 系統針對存款業務風險的分析功能界面之一，展示了工商銀行總行的企業存款子科目的變化情況[2]。這樣能有效杜絕「數出多門」「一標各表」和「一數各述」[3]等數據治理亂象，並有利於金融機構及時發現自身存在的一些數據規範方面的問題，如業務流程設置不合理、關鍵風險指標缺失、數據冗餘和數據孤島等。

1　數據來源於銀監會信科部人員在 2017 年中國銀行業信息科技年會上的發言。
2　監管的標準化數據，包括公共信息、客戶信息、交易對手信息（對手、擔保等）、資金業務數據（投資、同業、交易等，包括銀行賬戶與交易賬戶）、理財業務數據、銀行卡業務數據、授信業務數據、會計記賬信息和交易流水信息等。
3　「數出多門」，即統計數據來源於多個入口（部門）；「一標各表」，即同一個監管數據標準有各自不同的表述；「一數各述」，即同一個數據有各自不同的表述。

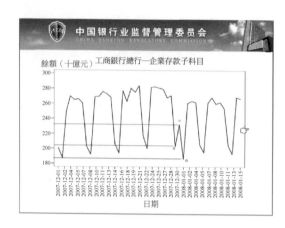

圖 7.2
EAST 系統針對存
款業務風險的分析
功能界面截圖
（圖片來源：EAST
系統）

　　EAST 系統的普及應用改變了銀行業監管的模式，讓我
國的金融監管邁入了大數據監管時代。EAST 系統的應用讓
大量檢查工作實現了自動化和智能化，由過去的抽查轉向全
面篩查，由過去的事中檢查轉向事前預防，由過去的現場檢
查為主轉向網絡離場檢查方式為主。在 EAST 3.0 框架下，
監管機構和被監管機構不再僅僅是檢查與被檢查的關係。通
過監管經驗的模型化，可以實現知識的積累和快速共享，讓
EAST 系統成為業務與科技之間、監管和被監管機構之間聯
動的橋梁，這能夠全面提升銀行業金融機構的管理水平和對
外服務的質量。

　　銀監會 EAST 系統在數據採集、監管數據模型積累和內

部信息共享等方面取得了驕人的成績，但仍存在進一步提升的空間。例如，系統在打破內部信息壁壘的同時卻形成了自下而上的數據煙囪，一定程度上增加了金融監管數據與同級的工商、稅務、公安和司法等部門數據之間實現共享的難度，這就需要建立起跨行業、跨部門和跨層級的數據共享體系和多部門協同的立體監管體系。

騰訊靈鯤揪出隱匿的網絡黑產

靈鯤是騰訊安全自研的金融安全大數據平台。「騰訊養了一條魚，名叫靈鯤，專門保護錢的安全，它擁有的能力，就像搜尋毒品的緝毒犬，可以在互聯網的大數據海洋中，嗅出各類金融犯罪的氣味，並及時發出預警。」這是騰訊微信公眾號上對「騰訊靈鯤」的介紹。[1]

2019 年 4 月，古城西安破獲了一起涉案金額近億元的非法銷售虛擬貨幣大案，而破案的線索就來自靈鯤向有關部門及時發出的預警。靈鯤提供了大量隱藏在網絡空間中的證據鏈。這家名叫「消費時代」的網絡平台，一面利用「區塊鏈」

---

1 騰訊靈鯤，是騰訊安全反詐騙實驗室研發的金融安全產品「靈鯤金融安全大數據平台」的簡稱，負責應對和解決非法集資、金融傳銷、騙貸和黑中介等金融機構及用戶深惡痛絕的問題。

概念銷售虛擬貨幣，一面又非法操控其價格漲幅，通過非法手段牟取暴利。平台上線僅僅 18 天，註冊會員就有 1.3 萬餘人，分佈在全國 31 個省（區、市），涉案金額近億元，給金融市場穩定造成了極大的破壞。

那麼，靈鯤是怎麼做到嗅覺靈敏、打早打小並從源頭上解決問題的呢？它是從計算能力、數據和算法三個方面武裝自己，升級自身能力從而解決問題的。

計算能力方面，靈鯤基於騰訊 SaaS（軟件即服務）的接口調用在 50 毫秒級別，非常好地滿足了大數據計算的需求。

數據方面，靈鯤擁有多個來源的海量黑產數據，為實現智能識別黑產、進而保護金融消費者提供了可靠的保障。靈鯤的數據來源除了微信和 QQ 等平台的海量社交數據，還包括騰訊安全團隊與網絡黑產勢力十多年對抗經驗的沉澱與積累。數據內容除了擁有 19 年攻防經驗的 QQ 等場景的攻防數據，還包括億級的黑產設備、黑產工具和黑產軌跡數據等。總的來說，靈鯤的數據內容多樣、來源多元，與同類系統相比，擁有獨特的優勢。

算法方面，靈鯤主要將重心放在金融黑產識別和涉眾金融風險預警兩個領域。在金融黑產識別領域，靈鯤建立了從行為監測、數據分析到結果判定的全流程管理，在有效的數據源

管理的基礎上，通過對金融犯罪樣本的深度分析，構建各種反作惡算法模型和相應的決策引擎，實現對金融風險的自動識別。靈鯤還提供了一套有效的數據化、可視化方法，搭建了從數據源管理到風險展示的完整系統架構，讓網絡黑產暴露在陽光下。在非法集資和涉眾金融風險預警領域，靈鯤主要以多源數據融合、多維度信息關聯、基於知識圖譜的平颱風險指數計算和涉眾人數增長異常預警等核心技術為基礎，對互聯網上活躍的金融平台與服務進行全面的監測，進而利用相關算法計算風險指數，實現早期預警，煉就發現非法集資和涉眾金融風險的「火眼金睛」，將金融風險消滅在萌芽狀態。

拓爾思的「冒煙指數」預警非法集資事件

除了騰訊的靈鯤之外，許多科技公司也有成熟的產品，如拓爾思旗下金信網銀的「大數據監測預警金融風險平台」。

大數據監測預警金融風險平台以大數據、雲計算為技術支撐，構建針對 5 個領域、17 個行業的分析模型。其核心功能是「冒煙指數」的計算，該指數包括 5 個主要維度，即合規性指數、收益率偏離指數、投訴舉報指數、傳播力指數和特徵詞命中指數。5 個維度共包含 18 個數據項，具體如圖 7.3 所示。該指數主要用於綜合分析監控對象非法集資風險相關

度，在當前網絡非法集資規模不斷增大，犯罪手段越來越隱蔽化、多樣化的複雜情況下，可以有效實現對非法集資事件的事前預測，能夠有效防止較大規模非法集資事件的發生。

在應用效果方面，拓爾思的「冒煙指數」成效顯著。據歷史統計數據顯示，截至 2017 年 10 月底，該平台已對 100 餘萬家企業進行了常態監測，主動識別風險企業 800 餘家，其中冒煙指數大於等於 60 分的有 46 家，通過調查發現這些企業均不同程度存在涉嫌違規經營、涉嫌傳銷與詐騙等行為。實踐證明該平台在金融風險監測預警、風險排查等方面能發揮重要作用。

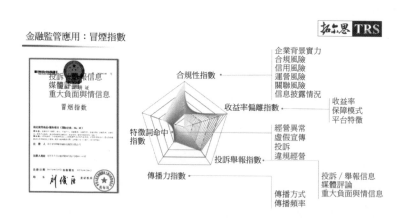

圖 7.3　拓爾思的大數據監測預警金融風險平台功能之一，「冒煙指數」（圖片來源：拓爾思）

7.4　數據信託：一個全新的大數據金融產品

數據能否作為資產創造價值？信託公司能否利用其獨特優勢創造出獨特的數據信託產品？答案是肯定的，而且這是一個很有意義的探索。

前文談到的都是大數據在金融行業的應用。而大數據改變金融，其內涵並不局限於此，還有一種更深層次的改變，即通過金融產品創新來為數據流通服務，將數據資產做成金融產品，利用金融產品的優勢來整合企業的數據資源，盤活企業的數據資產，進而實現數據的價值。

中航信託是信託行業的創新先驅之一。早在 2016 年 9 月，中航信託就率先發行了首單基於數據資產的信託產品，總規模為 3 000 萬元，是第一家將數據做成金融產品的信託公司，也是業內第一家明確提出「數據是一種資產」的公司。

數據信託，就是委託人將其所擁有的數據資產作為信託財產設立信託。受託人按照委託人意願聘用專業服務商對數據進行專業管理與運營，通過數據的運營所產生的增值收益作為信託利益，用於分配給信託投資者；而委託人則通過信託收益權轉讓的方式獲取現金對價，以信託財產的方式實現數據資產的價值變現。

數據信託是個新事物，是一個跨界金融產品。中航信託

股份有限公司董事長姚江濤表示，中航信託之所以率先提出數據信託這個概念，是因為公司在對數據信託的商業模式進行探索的過程中，逐漸認識到能夠藉助信託優勢來更容易地發現和實現數據的價值。探究其根源，是因為大數據的商業使用要求與信託財產的獨立性和安全性具有天然契合性。數據資產的特殊性在於：個體數據所有者、數據的控制者和數據利益的享有者之間存在相互分離的現象。這種分離，使數據資產的各項權能安排可以通過信託財產制度得以有效落實，也就是說，數據資產成為信託財產不僅具有合理性，更具有可操作性。

通過數據信託，既可以有效解決數據資產的授權使用問題，又可以對數據資產的收益作出合理安排。利用數據資產設立信託的商業模式如圖 7.4 所示。根據委託人所承擔角色的不同，委託人可分為數據生產商和數據運營商兩種，前者是委託自身產生的數據，後者是委託非自身產生但合法取得的數據。數據生產商可以通過設立信託，將其所屬的核心數據資產作為信託財產；數據運營商基於合法途徑取得對數據的控制和使用權，即可將這部分數據資產作為信託財產設立信託。

數據信託還是一個處於萌芽狀態的產品，在商業模式設計、數據權屬的法律界定、數據定價方法等方面還需要更深入的探討和更多有益的實踐。

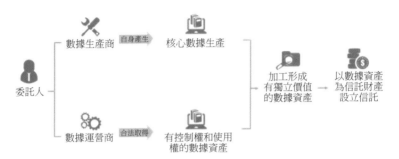

圖 7.4　利用數據資產設立信託的商業模式（資料來源：中航信託研發與產品創新部）

7.5　浪潮席捲：一個無可限量的市場

隨着大數據技術的日益進步，金融與大數據的交叉融合已成為不可阻擋的趨勢。除了前文所述的金融服務創新、風控、金融監管和金融產品創新等方面，大數據與金融行業的融合幾乎無處不在。金融大數據已席捲傳統的銀行、證券、保險三駕馬車和新興的互聯網金融、微支付等諸多領域，在大量具體業務中得到日益廣泛的應用，催生出大量的創新案例，促進了金融業的健康發展，也講出了跨越式發展的中國故事。

在金融大數據席捲一切的同時，金融大數據的發展也面臨着許多困難和阻礙，如信息孤島現象嚴重、數據流通不暢和數據整合難度大等。但瑕不掩瑜，相比其他行業來說，我國金

融行業的大數據技術應用處於領先水平，已基本完成業務系統信息化和原始的數據積累工作，目前正在從以數據採集自動化與業務信息化為特徵的初級階段向更高階段轉型升級。高級階段的特徵主要表現為數據的共享利用和複雜算法的應用等，在具體應用領域上將表現在利用大數據加強風險管控、促進精細化管理和支持服務創新等方面。

大數據在加強風險管控、促進精細化管理和支持服務創新等方面具有很強的現實意義。

其一，大數據加強風險管控。大數據對加強金融監管具有決定性的作用，在新的技術與時代背景下，大數據及相關技術是金融監管不可或缺的因素，它能夠加強風險的可審性和管理力度。

其二，大數據促進精細化管理。在移動互聯網時代，傳統的管理方式已經難以滿足個性化和動態性管理的需要，大數據將推動金融進入精細化管理的時代。此外，利率市場化改革也會對銀行業提出精細化管理的新要求。

其三，大數據支持服務創新。傳統的服務創新大多基於渠道和促銷來展開，而較少考慮「以客戶為中心」的理念。通過對客戶消費行為模式的分析，金融機構可以有效提高客戶的轉化率和忠誠度，藉助大數據有效把握客戶的需求，從而更好

地了解客戶、創新服務。

　　當前，金融業正處於業務轉型的關鍵時期，風險與機遇並存。隨着大數據助力金融業逐步完成轉型升級，數據價值將越來越多地得到認可，尤其是在基於數據的服務創新和內部管理優化方面。金融行業的大數據應用將迎來開花結果期，在未來幾年，其市場規模將以高於整體水平的速度增長。據前瞻產業研究院發佈的《金融大數據行業報告》預估，2017—2022 年，金融行業大數據應用市場規模年均複合增長率為55.21%，到 2022 年，中國金融行業大數據應用市場規模將達到 497 億元，具體數據如圖 7.5 所示。

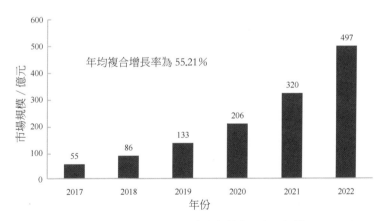

圖 7.5　2017—2022 年中國金融行業大數據應用市場規模（資料來源：前瞻產業研究院《金融大數據行業報告》）

　　未來，大數據與金融的結合將更加具體到不同的細分領域，會與這些細分場景緊密融合，如信貸、支付和保險等。以信貸場景為例，大數據不僅在風控環節發揮作用，還會在貸前、貸中和貸後的全流程都與原有業務深度融合。依靠更精細的全域用戶畫像，大數據在獲客、反欺詐、風險定價等環節都將得到商業化的機會，這也將大幅提升相關細分行業的經濟效率。再如支付場景，移動支付和微支付都離不開大數據的支撐，大數據及相關技術會在電子身份認證、小額消費貸款發放等環節發揮關鍵性作用。

　　當大數據在信貸場景和支付場景的滲透率達到一定水平後，下一個爆點可能是保險場景。相對銀行來說，保險行業的 IT 基礎設施與大數據應用水平較為落後，但隨着銀監會和保監會合併成為銀保監會，在大數據應用方面，保險行業將會迎頭趕上。與此對應的是，2018 年保險領域的投資重點已經從銷售轉向大數據，一批保險大數據公司先後獲得融資，如眾安在線旗下的眾安科技。與此同時部分信貸、支付等成熟場景下的大數據公司也在悄悄向保險場景滲透，期望實現網絡版的混業經營，如百融金服已從原本深耕的信貸大數據場景橫跨至保險場景。可以預見，未來十年內，大數據將以愈加迅猛的速度滲透至金融業的各個角落，掀起一輪新的革命浪潮，一個無可限量的金融大數據市場正日趨成熟。

第八章

撬動商業：
新「規模經濟」，數最懂你

世界經濟數字化轉型是大勢所趨，新的工業革命
將深刻重塑人類社會。

——國家主席習近平在 2018 年
二十國集團領導人第十三次峰會第一階段會議上的講話[103]

　　不知道你是否有過這樣的體驗：當我們在購物網站上瀏覽某類商品時，網站還會給我們推介與之相關的商品；而如果我們這次只是瀏覽而沒有購買，等我們下次登錄時又會收到與上次瀏覽相關的推薦。有的時候我們不得不感歎這些購物網站真的比我們自己還「了解」我們，不僅能發現我們當下的需求，甚至還會引導和創造出我們的潛在需求。

　　現實生活中，我們不僅會在網上購物，還會去線下的實體店進行消費。在這個萬物互聯的大數據時代，我們的一切行為都可以被數據化，消費行為也不例外。換言之，無論我們的消費發生在線下還是線上，作為消費者，我們都在為商家貢獻着數據。

　　每一個消費者在消費的過程中留下數據，就會形成商業大數據，而商家收集並分析顧客留下的消費數據則能夠更好地發現顧客需求並研發產品。相關數據顯示，海瀾之家 2017 年上半年在天貓男裝排行榜位列第二，旗下近千家實體店已與天貓全渠道[1]打通，全渠道成交佔比超過 10%。圖 8.1 所示為海瀾之家某門店照片。海瀾之家在服裝行業的關店潮中實現了逆勢

1　全渠道是指實體渠道、電子商務渠道、移動商務渠道的線上與線下的融合。

增長，這是如何做到的呢？[104]

海瀾之家在 2017 年宣佈其旗下的 5 000 餘家實體店將利用天貓的新零售解決方案全面轉型為「智慧門店」，與天貓圍繞新零售在新品首發、渠道管理、大數據賦能和線上線下全渠道融合等領域展開一攬子合作[105]。

海瀾集團總裁周立宸指出，向新零售轉變，賣貨層面是最直接的，其次是數據要打通。海瀾之家採用 RFID 技術給 2 億件衣服分配了各自的身份編碼，進而實現了線上下單、線下發貨，並在門店之間實現了數據共享

互通，讓一條條銷售數據從「碎片」走向「整合」，然後又通過大數據分析，更好地分析和洞察消費者需求，及時調整經營策略，降低整體經營性投入，最終實現品牌重塑升級[104]。

圖 8.1
海瀾之家某門店
照片
（圖片來源：阿里研
究院）

在大數據時代，「秒懂客戶所需」不再是一種遙不可及的願景，而是企業在市場大潮中立於不敗之地的撒手鐧。

由此可見，大數據驅動的 C2B2C（Customer to Business to Customer，消費者到企業再到消費者）商業模式轉型正在發生，數據已成為商業領域中一種重要的生產資料。消費者在消費的同時也在貢獻着數據，這些數據藉助互聯網被匯集起來進行分析利用，能幫助企業更好地洞悉用戶需求，做出更為科學的商業決策，繼而提供更符合消費者需要的產品和服務。

8.1　精準營銷：從廣而告之到瞄準目標

在傳統營銷的時代，消費者主要通過電視、廣告牌等媒介接收到商品廣告。廣告主很難確認觀眾是否真正是他們所要覆蓋的目標群體，也很難了解消費者對廣告的真實態度，判斷廣告是否真的產生了營銷效果同樣很難。大範圍投放廣告效率低、費用高，而且可能收效甚微。

大數據則賦予了商業廣告全新的可能性。運用大數據技術可以進行消費者信息檢索、消費者定向，以及消費者數據獲取和挖掘與計算分析，然後通過用戶畫像，把數據人格化，

描繪出消費者的特點、地域、興趣愛好、購物意向和經濟潛力等，從而幫助商業決策者更精確地鎖定和分析目標消費群體。這樣廣告主就像是掌握了「讀心術」的魔法師，能夠知曉用戶「心中所想」。

以微信廣告為例，微信對於很多人來說，早已不僅僅是一個社交軟件了，它以完善的生態鏈條構建了平台與用戶、用戶與用戶之間的強關係和弱關係網絡，並能滿足用戶社交、購物、支付、娛樂和信息獲取等多種需求，成為我們日常生活、工作不可或缺的工具。2019 年，微信的全球用戶數量已超過 10 億，而隨着微信平台影響力的擴大，微信廣告也已悄然到達每個用戶的掌上，而這些廣告的背後，其實大有玄機。

微信的精準營銷集消費者要素、成本要素、便利要素和溝通要素為一體。微信平台依靠龐大而深刻的影響力，運用 Lookalike（相似人群拓展）等大數據技術，對其所擁有的用戶數據進行挖掘分析，根據用戶的性別、年齡、興趣愛好、職業、收入狀況和地理位置等對用戶根據需要進行分類畫像，並在此基礎上幫助廣告投放者精準地找到目標消費群體，進一步擴大潛在受眾群體，對不同身份、不同偏好和不同地區的客戶，推送不一樣的廣告內容，最大程度使每一則廣告都能覆蓋

到最有價值的客戶。

有數據有技術又有平台，微信廣告的威力可想而知。在現實中，藉助大數據分析在微信中成功實現精準營銷的商業案例不勝枚舉。從微商等個體創業者到大型的快消品牌、酒店連鎖企業和航空公司等，都在微信平台上通過微信公眾號信息發佈和朋友圈廣告投放等方式進行着營銷推廣。

以微信朋友圈廣告為例。2015 年 1 月，很多微信用戶發現自己的朋友圈第五條的位置上悄然出現了文案生動的廣告，微信正式開始在朋友圈推出定向的廣告投放，這一年也被稱為中國信息流廣告的元年。以龐大的用戶數據資源為支撐，微信應用大數據分析技術，對用戶進行畫像並分類，以算法匹配不同微信用戶的需求和愛好，分別進行了 3 輪廣告推送。微信朋友圈廣告的效果可以說是立竿見影；在微信朋友圈投放以音樂為主線的創意手機廣告後，僅僅兩天，vivo 的總曝光量接近 1.55 億次，微信用戶點擊「vivo 智能手機」Logo、點贊和評論等行為超過 720 萬次，vivo 官方微信公眾號增加了 22 萬粉絲。

除了精準投放，微信的朋友圈廣告也可以成為新的大數據來源。因為微信用戶與廣告的互動會留下相關數據，如用戶點贊、評論、轉發和點擊「不感興趣」等行為可以幫助微信進

一步了解用戶對廣告的反應和個人偏好，為用戶畫像的進一步精細化提供支持。

雲南省旅遊發展委員會與騰訊公司的合作，是一個整合微信各類功能進行精準營銷的新案例。2018 年 10 月，由雲南省旅遊發展委員會、騰訊公司聯合打造的全域旅遊智慧平台——「一部手機遊雲南」（見圖 8.2）宣佈上線試運行[106]。這是一個「互聯網 + 旅遊」的深入融合平台，物聯網、雲計算、大數據、人工智能等技術被運用到旅遊的各個環節中。當消費者在旅遊前通過朋友圈、QQ 空間對雲南產生旅遊興趣後，他們可能會通過微信、瀏覽器等檢索有關旅遊的信息，而微信和騰訊其他平台則會快速啟動對這些行為數據的深入分析，制定個性化的精準廣告策略。不久之後，消費者可能會在朋友圈接收到騰訊為雲南旅遊製作的社交廣告。而在觀看廣告後，消費者還可以根據廣告提供的機票、酒店預訂鏈接購買出行所需要的商品。在旅遊的行程中和旅遊結束後，消費者可能會通過微信朋友圈、QQ 空間反饋他們的旅遊感受，比如在朋友圈曬一波景點打卡照，分享或吐槽一下旅行中的意外經歷等，這些用戶點評數據則能為後續的服務改善和廣告營銷提供支持，為幕後的決策者提供更完整的信息指導。

圖 8.2 「一部手機遊雲南」官網截圖

8.2　數據「智導」：再造影視創作模式

　　影視投資是一項充滿風險的商業活動，收視率、票房與投資回報率等重要指標的可預測性一直都很不準確，而流媒體巨頭 Netflix 則將大數據技術運用其中，對影視劇創作進行了全方位的革新，使大數據分析深入到影視作品的各個創作環節中，對整個影視創作行業，從劇本、導演和演員的選擇，到拍攝和後期製作，乃至營銷，都產生了深刻的影響。

　　Netflix 的數據來自於它的千萬級註冊用戶。用戶每次觀

看視頻的所有操作，例如影視劇的搜索、正面或者負面的評分等，以及地理位置數據、設備數據、社交媒體分享數據和添加書籤數據，都會被納入 Netflix 龐大的數據分析系統。通過 Netflix 的大數據算法，Netflix 可以了解用戶幾乎所有的觀影習慣，如記錄哪些用戶當一集節目結束、演職員表開始滾動時就會停止觀看節目，哪些用戶則會一直堅持到最後[107]。再比如知道用戶在不同的時間段喜歡看什麼類型的影視作品，了解用戶喜歡觀影的終端設備是手機、平板電腦還是台式計算機，最終推測出具體的觀劇場景，如哪些地方的人們更加喜歡在星期天下午用平板電腦觀看恐怖片等。

運用大數據創作出按觀眾需求定製的影視作品，也已經成為中國影視製作的風尚之一，尤其是在網絡劇領域。優酷等公司出品的《白夜追凶》是近年中國高熱度、高人氣和高口碑並存的「三高」現象級網絡劇，播放量達到近 50 億次。圖 8.3 所示為網絡劇《白夜追凶》的海報。2017 年 11 月，《白夜追凶》被全球流媒體巨頭 Netflix 買下播放權，在全球 190 多個國家和地區上線，成為首部被該公司正式買下版權的中國自製網絡劇。

相對於其他網絡劇，《白夜追凶》沒有熱門 IP（知識產權），沒有流量明星參與，刑偵題材的劇集主題更偏小眾而非熱點，可以說是影視行業的「三無產品」，起

圖 8.3　《白夜追凶》海報（圖片來源：優酷）

初並未被業界看好。然而，通過運用大數據技術，「三無產品」
《白夜追凶》一躍成為熱度、人氣和口碑均爆棚的「三高神
劇」。它是如何實現這一令人驚歎的華麗逆襲的呢？

　　相比於當下許多電視劇節奏拖遝、內容冗長，導致用戶
習慣加速播放甚至棄劇等現象，《白夜追凶》通過對以往用戶
觀劇習慣和偏好等數據的深入挖掘與分析，在製作時對劇情節
奏和情節安排的設置進行了更為優化的時間配比，讓用戶全程
都有觀劇的緊迫感和新鮮感。有研究數據顯示，在超過 30 集
以後，電視劇的收視率便會下降，而《白夜追凶》在 32 集的
長度中一共講述了 8 個故事，劇情一波接一波，情節一環扣一

環，節奏緊密到讓觀眾沒有閒暇加速播放 [108]。

《白夜追凶》網絡劇播放的成功不僅僅是因為其高質量的內容和製作，也與其創作團隊和製作公司善用大數據技術為影視作品創作提供指導、使其更切合觀眾需求密不可分。不遠的未來，網絡劇乃至整個影視傳媒業的競爭，很可能將是一場數據和內容的雙重博弈。

8.3 「數造」個性：以社群文化帶動新營銷

大數據也能用於提升商業服務水平，為利來利往的商業注入人性化的溫度。

在人們更注重個人健康和體育鍛煉的當下，與運動健身相關的產業迅速發展，成為令人矚目的商業領域。面對如此龐大而極具潛力的市場，眾多從業者都希望能夠開拓一片屬於自己的市場空間，而其中大數據則成為開拓者們撬開運動健身市場的「祕技」。其中「咕咚」是中國移動運動健身領域積極運用大數據，成功構建商業生態系統的典型廠商之一。

「咕咚」的發展戰略是結合線下產品與線上 App，致力於成為全球領先的運動大數據和服務平台。「咕咚」一方面瞄準市場新需求積極研發，推出了多款智能運動裝備，如能夠實時

監控身體狀況、記錄運動數據的藍牙心率耳機、運動手錶等智能可穿戴設備；另一方面，「咕咚」積極拓展移動互聯網市場，推出運動社交軟件「咕咚」App，構建互聯網運動社交平台。目前，「咕咚」已經成為互聯網社交的重要品牌，用戶數量已達 1.5 億，每天需要響應來自全球 210 個國家和地區的數千萬次運動需求[109]。

「咕咚」的線下產品與線上 App 都產生、積累了海量的運動數據，而對這些數據的分析與應用，為「咕咚」成功融合線下與線上產品，搭建結合數字和實境的客戶關係，最終成功構建商業生態圈——「全民運動生態系統」提供了核心支撐。

通過對平台和產品不斷更新的運動大數據進行深入分析，「咕咚」得以了解用戶特徵（年齡、需求偏好、運動時間、運動方式、運動地點等），為其優化更新產品和提升營銷策略提供了有效支撐。「咕咚」基於對其運動大數據和智能裝備數據的分析，針對用戶開發了運動能力測試系統，將運動裝備、訓練課程與 AI 技術結合，研發並推出了更多智能系列產品和智能教練系統等，能夠通過相關數據分析評估用戶的身體狀態，以 AI 技術科學實時指導用戶運動，從而幫助用戶減少損傷，實現更安全、更高效的運動。

大數據也為「咕咚」的商業管理和營銷提供了更高效的解

決方案。如「咕咚」聯合其他商家打造了首家線下智能運動體驗店 CODOON IN，CODOON IN 依靠「咕咚」龐大的用戶線上運動數據庫，並運用大數據算法分析來預測用戶運動及消費行為，以此為運動裝備售前選購、售後服務，以及培訓、交流和活動等配套服務提供更為科學、專業的指導，更好地結合智能產品和線下體驗服務。「咕咚」商業活動的組織與推廣也藉助了大數據技術的力量，例如依靠其運動數據庫，「咕咚」推出了線上馬拉松、自行車賽事等眾多活動，截至 2021 年 10 月，官網顯示「咕咚」已經累計舉辦各類線上線下賽事超過 1 000 場[110]。這些活動不僅能夠提升運動用戶體驗，拉近「咕咚」與客戶之間的關係，也為消費者之間提供了更多相識交流的機會。圖 8.4 所示為「咕咚」相關運動賽事獎牌。

圖 8.4
「咕咚」相關運動
賽事獎牌
（圖片來源：「咕咚」
官方網站）

　　人海茫茫，數海莽莽。大數據技術的應用不僅讓服務變得更加個性舒適，也讓其變得更具有溫度。

8.4　大數據何以撬動商業變革

　　商業領域是大數據應用的前沿陣地。通過前面的案例我們也已經看到，商業大數據確實給商業帶來了諸多改變。知其然更要知其所以然，大數據緣何能夠撬動商業變革呢？

消費行為和方式的變化

　　在生活當中，我們每一個人都在特定時間扮演着消費者的角色。在大數據時代，我們的消費行為已經悄然變化。當我們需要購買東西的時候，我們常說的一句話是「上網看看」。為什麼我們要「上網看看」？因為不同的購物網站能夠為我們提供更多的選擇空間，讓我們以更低的價格來買到自己想要的商品。同時，移動互聯網時代的商業還呈現出線上線下融合發展的趨勢。除了上網看看，我們還會到線下實體店逛逛，體驗一下。

　　在互聯網時代，（提供商品或服務的）公司與消費者之間的邊界被打破，消費者同時也有可能是產品的創造者，即「消

費眾包」。賣家和買家通過互聯網直接連接進行交易的方式，使消費者的信息被轉化為數據，直接進入研發、製造、流通和營銷各環節，並對最終的產品和服務產生巨大影響，讓 C2B 的規模個性化成為可能。[103]

　　無論是線上購物還是線下購物，消費者的需求都會以數據的形式聚合到公司的數據庫當中，為公司的商業模式轉型提供了重要的「數據原料」。同時，通過對消費行為的大數據分析，公司不僅能夠識別出消費者當下的需求，還可以挖掘和培育消費者的潛在需求，進一步改變消費行為，從而形成海量數據不斷產生和持續分析的動態閉環。

多元電子媒介助力數據化

　　消費者行為的數據化還需要藉助一定的電子媒介，因為能夠用於大數據分析的數據必須是電子數據，而電子數據只有通過互聯網才能夠實現記錄、流動與聚合。第 43 次《中國互聯網絡發展狀況統計報告》數據顯示，截至 2018 年 12 月，我國網民規模達 8.29 億，互聯網普及率達 59.6%；我國手機網民規模達 8.17 億，網民通過手機接入互聯網的比例高達 98.6%；我國網絡購物用戶規模達 6.10 億，年增長率為 14.4%，網民網絡購物使用率為 73.6%。[111]

推動消費行為數據化的媒介包括智能手機、平板電腦等移動設備。以智能終端為代表的用戶設備，在移動互聯網、雲計算、大數據技術和各類服務應用的助力下，正成為服務提供的重要界面和大數據採集的重要源頭[103]。尤其是隨着智能手機的普及，人們的生活習慣正在改變，網民們正在通過移動設備源源不斷地生成大量具有商業價值的數據，越來越多的消費者行為將通過這些媒介實現「數據化」。

數據是支點，技術做槓桿

大數據不是一句簡單的口號，要想真正挖掘大數據的商業價值還需要一定的技術能力。有了源源不斷的消費行為數據，意味着我們有了「支點」，而真正釋放商業大數據的價值還需要技術這一「槓桿」來撬動。

在技術層面，大數據從採集、處理、存儲到形成結果的整個過程需要通過感知技術、雲計算及存儲技術等技術來完成[112]。今天的消費者行為日益呈現出網絡特性，任何兩個行為之間都可能發生跳躍式連接。要理解消費行為的跳躍性需要大數據的幫助，在不同的數據體系之間建立關聯可以更好地輔助企業理解消費者及其消費需求[103]。

8.5　數據創造價值：前提是規則和邊界

大數據正在顛覆傳統的商業模式，賦予商業決策、產品設計與優化、服務提供和廣告營銷等商業行為新的可能。從某種角度講，在互聯網和大數據時代，消費者在掌握海量數據和分析技術的主體面前，接近於完全透明。這不完全是一件好事，因為這種「透明」也意味着消費者的隱私越來越沒有了隱蔽之地。

誠然，大數據能為商家帶來巨大的經濟效益，但我們還應直面其背後的各種風險。絕對的自由意味着不自由，大數據技術在商業領域的應用也需要有明確的規則和邊界。唯有這樣，才能讓數據真正為消費者創造價值，而不是傷害消費者。大數據與商業的結合才剛剛起步，未來的商業發展是會繼續秉承「消費者至上」的原則，還是僅僅把消費者作為大數據的來源？這取決於我們如何制定規則和確定邊界。

消費者至上

在大數據的商業應用中，「消費者至上」的原則應當是我們追求的美好未來。大數據幫助我們掌握了更多實體世界的信息，讓商業能夠通過利用數據變得更有效率。

　　然而，商業的效率與消費者的利益並非完全一致，甚至還可能因為大數據的介入而變得更加對立。例如，大數據一方面讓廣告投放變得更加智慧和精準，另一方面也讓「千人千價」和「同品不同質」的普遍化成為可能。在現實中已經有很多電商平台開始運用大數據技術對消費者群體進行劃分，區分出所謂的新客戶和舊客戶、敏感客戶和不敏感客戶，然後對他們制定差別化、歧視性的價格，提供不同質量等級的產品和服務。

　　面對掌握着雄厚數據和技術優勢的商家，消費者變得愈發弱勢和無助。數據本無定性，但人類具有自利的天性，資本具有逐利之本性。如何通過制定法律和社會規範，讓商業大數據應用秉承「消費者至上」的原則，成為亟須解決的新問題。

商業大數據的邊界

　　在大數據時代，防不勝防的信息泄露和無孔不入的廣告推送正在將消費者的利益和安全置於危險之地。

　　消費者數據泄露已成為嚴重的社會問題。很多消費者的快遞單號被公然販賣，個人手機號碼、住址等隱私信息被非法暴露和交易，並被用於廣告營銷，成為電話和短信騷擾的源頭。很多社交平台的用戶也成為受害者，用戶只是因為

關注、轉發或者點贊了某類信息，其首頁就會被廣告推送擠佔⋯⋯這些都讓消費者們不勝其煩。

在國外，一些商家為了採集用戶信息甚至直接將追蹤設備祕密設置在產品中。美國聯邦通信委員會就曾經發現，美國最大的移動運營商 Verizon 在未徵得用戶同意的情況下祕密將追蹤碼植入用戶流量中，以識別用戶的消費行為特徵，並通過售賣這些數據給廣告商來營利。這些用戶數據後來又被黑客竊取並在暗網上出售，導致完全不知情的消費者隱私泄露、利益受損。

在商業大數據時代，消費者的私人空間正面臨着被大數據侵蝕的危險，明確數據的權利和使用邊界已成當務之急。比如用戶在平台上留下的個人行為和特徵數據，真的完全屬於平台嗎？我們在安裝 App 時選擇的「同意與否」，是否真的就意味着是對個人信息使用權利的完全讓渡？我們是否有權利要求平台「遺忘」自己的隱私數據？當個人數據被用於商業營利，我們是否有權利拒絕被廣告鎖定？我們又該如何保護我們的隱私，不讓個人數據輕易地被商家泄露？這需要對數據的收集、交易和應用都有嚴格細緻的規制和管理。

2012 年，全國人大常委會通過了《全國人民代表大會常務委員會關於加強網絡信息保護的決定》，對個人信息收集、使

用的規則，網絡服務提供者的義務等進行了基本的規範。2013年我國修改了《消費者權益保護法》，新增的第二十九條對經營者收集、使用消費者個人信息的相關要求和責任進行了進一步規範，如規定「經營者收集、使用消費者個人信息，應當遵循合法、正當、必要的原則，明示收集、使用信息的目的、方式和範圍，並經消費者同意」「經營者應當採取技術措施和其他必要措施，確保信息安全，防止消費者個人信息泄露、丟失」等。2009 年、2015 年分別通過刑法修正案（七）和修正案（九），針對現實中利用數據侵害消費者權益的現象，專門規定了對出售或者非法提供、竊取或者非法獲取公民個人信息的犯罪及刑罰。2016 年通過的《網絡安全法》，更進一步明確了公民個體數據收集和使用的規則，以及網絡運營者在數據收集、數據安全等方面的義務與責任。2017 年，第十二屆全國人民代表大會第五次會議通過的民法總則，更是明確將公民個體數據權作為一項重要民事權利予以保護。目前，對於數據管理的相關立法仍在進一步推進中，十三屆全國人大常委會已將制定個人信息保護法列入了立法規劃 [113]。

　　隨着我國大數據監管實踐的不斷深入，相關法律法規必將更加完善，並更好地規範商業數據行為、維護消費者權利、推動大數據為社會整體福利服務。

第九章

數據革新：
正被重構的製造業版圖

要以智能製造為主攻方向推動產業技術變革和優化升級。

——國家主席習近平在中國科學院第十九次院士大會、
中國工程院第十四次院士大會上的講話[114]

「有人煙處，必有海天」，這是海天醬油膾炙人口的廣告宣傳語，但是在位於佛山市高明區的海天醬油生產基地，幾層樓高的廠房裏面卻幾乎看不到人的身影，整個生產系統由一排排碩大的不鏽鋼管道銜接起來，偶爾看到的一兩個工人也不是生產工人，而是操作或者維護機器人系統的技術工人。他們不需要懂生產工序，只需要懂機器人的操作工序，就能順利完成醬油從原料到封箱打包的 494 道生產工序 [115]。

海天醬油生產基地的變化只是我國製造業智能化轉型的一個小小縮影，科技發展到今天，已經不再是主要依賴勞力和手工工具的時代，大數據和人力資本正不斷為製造業賦予新的增值空間。在 2016 年的第二屆中國大數據產業峰會暨中國電子商務創新發展峰會上，國務院總理李克強在開幕式致辭中強調：「以大數據為代表的創新意識和傳統產業長期孕育的工匠精神相結合，使新舊動能融合發展，並帶動改造和提升傳統產業，有力推動虛擬世界和現實世界融合發展，打造中國經濟發展的『雙引擎』。」

而製造業的智能化轉型並不是一個新命題，從數控機牀的應用開始，我國許多企業早已開始探索數據化的智能生產。但直到 2015 年，我國才從宏觀層面明確表示要在若干年內實現製造業的智能化改造，加速製造產品迭代，通過提高

產品的數字化、網絡化和智能化程度來增強我國製造業的國際競爭力。2017 年，中央經濟工作會議指出要緊扣我國社會主要矛盾變化，推動高質量發展，推進中國製造向中國創造轉變，中國速度向中國質量轉變，製造大國向製造強國轉變。

　　無論是智能化改造還是高質量發展，大數據都能提供強勁的新動力。如今製造業的核心競爭力早已不再是產品高度同質化的大規模生產，而是要親近消費者需求，去滿足不同人群的特殊偏好的個性化製造。如今製造流程也不再是封閉的一環，每一個環節產生的數據流都為高效率生產提供穩定保障，為企業主動管理優化設備奠定基礎。另外，生產車間的核心生產要素不再是勞動力，而是無形的數據流和具備柔性生產能力的機器設備……大數據已經滲透了製造業的方方面面，製造業發展的核心導向已經不再是「製」，而是「智」。

9.1　個性化定製：規模化和差異化的結合

　　我們常說，世界上找不到兩片完全相同的樹葉，這讚歎的是大自然的鬼斧神工和基因所決定的個體差異性。而人類個體皮膚的差異更為普遍，一方面種族、基因和年齡等自然因素決定了人體皮膚的先天差異，另一方面工作環境、生活習慣和

心理狀態等社會因素決定了人體皮膚的後天差異。兩方面的因素導致每個人的皮膚狀況各異，同時也導致了「個性化的皮膚問題」。

市場不是萬能的，供需的矛盾在於在傳統護膚品市場上，產品同質化嚴重，消費者擁有自己花錢買的護膚產品，但卻未曾擁有「屬於自己」的改善配方，因此市場針對消費者的具體皮膚問題所能提供的解決方案是非常不足的。那麼能否以個性化的生產方式來滿足不同消費者的訴求呢？

珠海市伊斯佳科技股份有限公司（以下簡稱伊斯佳）創始人王德友自 1992 年便開始從事護膚品的研究和開發，然而在涉足這個領域之初，他就對國內美容市場激烈的競爭、有限的市場空間和高築的行業壁壘深有體會。從那時起，王德友便一直在尋求國產護膚品生產的突破點。直到 2007 年，「DIY 護理」「精準美容」等概念才首次在伊斯佳提出：在未來，每個人都能夠擁有一套解決其獨特皮膚問題的美容配方，和一款真正屬於自己的護膚品。

但是在王德友早期帶頭探索護膚品製造轉型的過程中，很多人都覺得這個想法不切實際、異想天開：既然大規模生產已經被證明是非常具有競爭力的生產方式，要做個性化生產，就相當於放棄了大規模生產帶來的競爭優勢。另外，生產

個性化產品，還涉及消費者皮膚檢測的方法、皮膚數據庫和原料配方數據庫的建設、數據間的匹配、數據傳輸和智能機器人的研發與佈控，不但技術上突破難，沒有經驗可借鑒，而且投資效果及回收期不確定。無論從哪個角度來看，美妝產品的個性化生產都是一條「看得見的不歸路」。

　　然而在一次朋友聚會上，王德友端着手中的飲料突發奇想，這些調酒師們以不同比例調和多種基酒和輔酒，調和成符合消費者心情、擁有不同口感和濃度的多種特調酒精飲品，而每個調酒師使用的都是幾乎相同的工具，這種生產方式能否複製到護膚品的生產中去？王德友仿佛明白了自己應該在專業護膚品行業破冰的方向：每個人的皮膚狀況不一樣，如果想從根本上解決消費者的皮膚問題，做到精準美容，護膚品行業必須轉大規模生產為規模定製化生產，也就是基於規模生產能力的同時實現柔性和個性化的生產製造方式，實現生產的範圍經濟，由生產方式的轉變推動製造轉型和產品升級。

　　於是王德友開始組織伊斯佳的高管和技術人員不斷外出考察，虛心學習其他國家、其他行業的生產經驗。考察學習期間管理層發現，伴隨着消費升級加速，製造業從自動化向智能化、個性化的跨越早已成為業內共識，長遠來看，定製才是製造業的活路！伊斯佳要進入中國護膚品的中高端市場也只能從

技術入手，搶佔技術先機。隨着智能製造和大數據興起，這正是民族護膚品製造崛起的最好時機！通過對伊斯佳未來發展戰略規劃的反覆探討、論證，最終企業管理層決定伊斯佳必須要突破技術難關，實現護膚品製造的智能化、個性化轉型。以信息化與工業化深度融合為基礎，不斷摸索智能製造的新模式，伊斯佳終於形成了集皮膚和頭髮檢測、診斷、方案設計、製造、物流和服務於一體的「互聯網＋製造」體系（實施步驟見圖 9.1）。

個性化定製護膚品是以消費者需求為源頭，驅動整個護膚品供應鏈改革，最終為每一位消費者提供專屬解決方案。最初，皮膚檢測平台的搭建就成為橫在伊斯佳人面前的一道難關。通過什麼檢測設備、採用何種方式收集消費者皮膚數

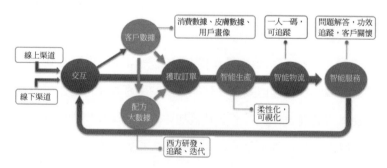

圖 9.1　伊斯佳護膚品大規模個性化定製實施步驟（圖片來源：伊斯佳）

據，才能準確地判斷出消費者現階段皮膚的真實狀況與問題？這些問題的成因又是什麼？生活環境、飲食習慣或精神心理狀態對其影響又是怎樣的？有了這些數據後，企業又如何開發產品，以便更有效地服務更多的消費群體，更高效地提升消費者的滿意度？

　　為了克服技術上的困難，伊斯佳付出了近五年的努力，從組建專業的皮膚檢測科室、引進高級人才、採購國內外權威的專業皮膚檢測設備，到採用領先全球的多維度精準皮膚健康評價體系，終於搭建起了伊斯佳皮膚精準檢測平台。該平台通過專業的皮膚調查問卷和來自旗下遍佈全國各地的美容機構的會員採樣（採用皮膚光學檢測、皮膚細胞生理學檢測、皮膚菌群檢測和皮膚基因檢測等多種方法與技術，針對不同消費者，採用不同組合的複合檢測方式，專業、精準地捕捉每一位消費者皮膚的真實數據），建立了消費者皮膚數據庫。

　　由於個性化製造的根本是個性化的產品配方，因此需要皮膚、原料、配方的龐大數據作為支撐。由於客戶的皮膚狀況是動態變化的，因此皮膚庫、原料庫和配方庫的數據也會對應客戶檔案動態更新，而隨之不斷更新的功效測評是「私人定製」「一人一單一方」的重要支撐，也是將消費者皮膚檢測結果轉化為護膚品私人定製功效的核心。

　　個性化定製和大規模生產是伊斯佳智能製造的兩個重要表現。目前國內大多數護膚品製造工廠，基本都是圍繞同一配方產品組建機器人生產線，也就是說一條生產線只能同時接受一張訂單，批量生產同一配方產品。它們做的不過是機器換人，即生產的自動化。而伊斯佳在國內首次實現了生產線的智能化升級：以訂單和消費者數據為基礎，一條生產線就可以生產滿足不同消費者需求的多樣化產品，實現了 C2M（顧客對企業）大規模個性化定製生產（見圖 9.2）。每一種原料的添加精準度達到千分之二克，每個生產環節的節奏控制在 20～25 秒／支，每支產品灌裝量可以在 30～300 毫升之間靈活選擇，完全可以滿足消費者對護膚品的個性化需求。

　　與此同時，伊斯佳還獨樹一幟地提出了我國護膚品行業的完整工業互聯網解決方案。在對消費者的皮膚進行診斷後，通過產品數據管理系統，計算機會根據結果自動生成數字配方，並將相應的配方信息發送到智能製造車間後台，接着智能護膚品生產線根據接收的配方信息進行個性化護膚品生產、灌裝和檢驗，根據用戶訂單信息分揀並加外包裝，最後利用現代物流系統快速將產品送至消費者手中。每套產品具備二維碼形式的唯一編碼，即產品的「出生證明」，只有定製者本人才能有效解讀編碼上的信息。伊斯佳的智能製造生產線如圖 9.3 所示。

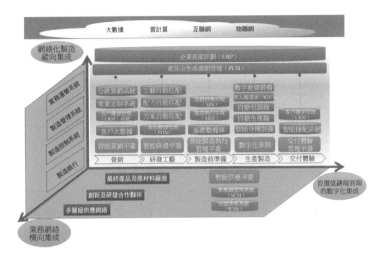

圖 9.2　C2M 大規模個性化定製智能系統集成圖（圖片來源：伊斯佳）

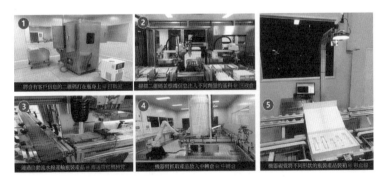

圖 9.3　伊斯佳的智能製造生產線（圖片來源：伊斯佳）

定製產品在生產、檢驗和包裝完成後，直接對接智能物流平台，現場裝入快遞箱，智能打印快遞單，直接快遞發貨，減少了成品倉儲環節，可做到當天生產，當天發貨。

延伸閱讀

二維碼如何存儲信息

二維碼其實是一種開放性的信息存儲器，其本質就是一段文本信息，可能是一個姓名、一串數字、一段文字、一個網址或一個驗證碼等，只不過這些數據和信息被存儲在了大大小小的黑白方塊之間。

二維碼存儲信息的原理其實與計算機識別 0 和 1 的原理類似，最根本的東西其實是二進制算法，也就是將所有的信息都用 0 和 1 表達出來。應用到二維碼，就是將我們能看懂的文字語言，以機器語言的形式存儲起來。其中黑色小方塊代表的是 1，白色小方塊代表的是 0，黑白相間的圖案其實就是一串二進制編碼，掃碼的過程就是翻譯這些編碼的過程。而二維碼的三個角上都有三個大方塊，這三個方塊主要是起定位作用，因為三個點能確定一個面。這能保證我們在掃碼時，不管手機怎樣放置都能讀取特定的

信息。圖 9.4 所示為二維碼的組成結構及信息分佈。

　　如今，二維碼的應用已遍佈大街小巷。任何設備只要帶「掃一掃」功能，就可以將這些黑白方塊所存儲的信息讀取出來。它的工作原理就跟我們熟知的商品外包裝上印的條形碼是一樣的。只不過條形碼是靠黑白條紋來存儲信息，二維碼則把黑白條紋改成黑白小方塊，因為這樣可以加大信息的存儲量。

　　消費者從下單到收到定製產品的過程中，可以跟蹤每一個環節，實時了解定製進度。在後期的產品使用過程中，專業

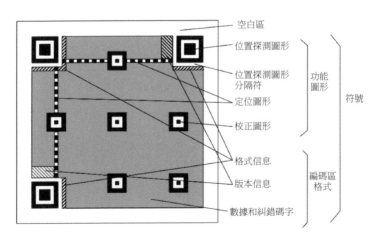

圖 9.4　二維碼的組成結構及信息分佈

客服人員將進行輔導和跟蹤服務。產品使用完後，專業人員再次對客戶的皮膚進行專業的分析檢測，並根據客戶新的皮膚狀態調整配方。在這期間，大數據像立交橋一樣連通了消費者和個性化產品。從圖 9.5 可以看出大數據應用在伊斯佳個性化製造過程中的體現。

在整個製造智能化升級迭代的過程中，伊斯佳也遇到了創新型項目與現有國家監管法律法規之間接軌的問題。舉例來說，即使一種護膚品的成分完全與其他同類相同，只是存在顏色上的差異，這也被視為一種新產品，要上市就必須付出極高的監測成本和周期，更不用說成分比例個個都不同的個性化產品了。於是在 2016 年，伊斯佳代表中國護膚品行業積極參與了國際私人定製標準的制定，並在 2018 年參與了國家智能製造、大規模個性化定製設計規範，智能製造、大規模個性化定製生產規範，以及智能製造、大規模個性化定製通用要求等國家級行業規範的制定。

就在伊斯佳走上個性化製造的短短幾年中，個性化定製的觸角已經同步延伸至製造業的各個角落，幾乎所有有能力的製造企業都在努力生產能滿足消費者差異化需求的定製產品。當然，企業擁抱個性化定製的前提，是需要充分了解市場上的用戶。

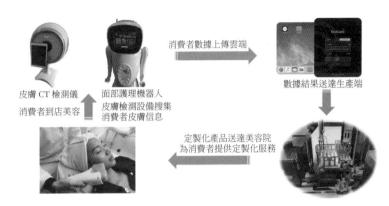

皮膚 CT 檢測儀
消費者到店美容

面部護理機器人
皮膚檢測設備搜集
消費者皮膚信息

消費者數據上傳雲端

數據結果送達生產端

定製化產品送達美容院
為消費者提供定製化服務

圖 9.5　大數據如何玩轉伊斯佳個性化製造（圖片來源：伊斯佳）

　　作為全球最大的家電企業之一，美的集團產品眾多，每年合計生產近超 1 億台空調、冰箱、洗衣機、電飯煲和微波爐等產品，服務了數以億計的用戶。美的集團的用戶數據庫目前擁有 2 億的帶手機號碼的唯一身份用戶，平均每天新增超過 12 萬條數據，能夠標籤化記錄並處理用戶購買時間、銷售渠道、所在地域和使用偏好等信息。一條用戶記錄可以在多級標籤結構中被打上近 600 個標籤屬性，在這個基礎上，美的建立了 360°全方位的用戶畫像。而用戶畫像就像是商業領域裏的作戰地圖，為企業產品研發、精準營銷提供了很大便利[116]。

　　美的產品直接面向消費者群體，產品種類眾多，能深入

各種用戶群體。美的既有線下導購渠道銷售和售後服務的場景，又有線上電商和輿情監測渠道，因此基於 C 端（消費者端）積累了海量的用戶數據，開發出美雲智數軟件，迅速贏得了製造企業的青睞。例如，知名汽車製造商長安汽車，利用美雲智數大數據套件的用戶畫像和精準營銷應用，針對潛在消費者列出上千個標籤分類，形成了用戶畫像，作為增購、換購活動的指導。憑藉該應用，長安汽車在活動營銷中精準鎖定了目標用戶，僅以 1 萬元左右的市場費用就獲得了高達 5 000 萬元的訂單，效果大大超出常規營銷。圖 9.6 所示為美的用戶畫像系統的一些信息。

　　通過充分利用消費者數據，智能工廠能夠生產出世界上

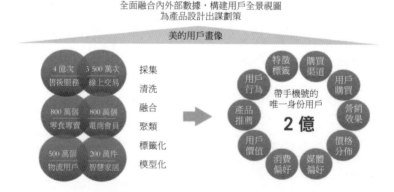

圖 9.6　美的用戶畫像系統的一些信息（圖片來源：美的）

獨一無二的個性化產品，而且都是普通人能消費得起的上好產品。如果說工業時代考驗的是企業大批量生產的能力，那麼數據時代考驗的是企業如何實現「多樣化、小規模、高質量、周期可控」的柔性化生產能力。

在大數據時代，企業要面對消費者的個性化需求，除了外觀設計的定製創新，產品功能的定製化也越來越多，而且面對不同銷售渠道，小批量訂單會越來越多。工廠原有的大批量生產模式一旦應用在小批量訂單上，單件商品的製造成本則會大大增加，生產效率將大幅降低。因此，在規模化的生產線上，要想做到一台產品就起訂，這對後端柔性製造的智能化要求非常高。

例如，在美的洗衣機生產線上，前一台洗衣機主供線下商超銷售渠道，可能需要自動添加洗衣液模塊，而後一台專供線上銷售，則要減配自動添加洗衣液模塊，因此成品型號也會有區別。在生產線上裝配時，對應貨架會閃燈提示，提醒工人需要裝配對應貨架的零件，完成裝配後，還要經過自動掃碼檢驗的流程。

而要實現個性化訂單智能生產，企業首先需要搭建統一平台的大數據系統，以實現數據預警和驅動；其次要建立面向用戶的標籤化營銷大數據平台，並實現零部件標準化、模塊化

及數字化柔性製造等深度業務變革和系統升級。這樣企業最終才能實現一件起訂的小批量化生產，提高工廠的生產效率，盤活企業資產 [117]。

9.2　大數據「問診」：為製造開一劑良方

在直接面向消費者的行業，如服裝、家電和家居等領域，個性化定製大行其道；而在生產設施、電力裝備和工程機械等基礎性領域，大數據支持的遠程運維等模式也不斷湧現。據統計，每年全球製造商平均需要處理 800 小時由電力中斷或其他原因導致的停機 [118]。而那些未被及時發現的設備故障，一夜之間就能生產出會帶來幾百萬元損失的殘次品，企業不但要承擔殘次品處理成本，還會拖延正常交單期限，這不但會造成經濟損失，還會讓企業的商譽受損。也就是說，要有好的產品，必須要有「健康」的生產流程。

讓機器開口，聽懂機器的轟鳴，通過大數據分析對生產過程進行控制，已是企業中與財務分析同等重要的一種能力。讓數據參與生產，不僅僅是依靠那些站在生產一線的機械手和傳感器，更要用數據對生產流程、產品質量進行老中醫式的「望聞問切」，讓數據完整地參與到生產過程的管理和控制

中去，將海量的隱性數據轉化為顯性數據，並將信息及決策建議實時提供給生產一線操作工人、主管和高級管理人員，幫助企業科學安排生產能力，從而實現精益管理。

如圖 9.7 所示，在位於貴陽市白雲區的娃哈哈數據中心智能設備管理平台部門，幾名工作人員面前的顯示大屏上跳動着的是生產車間裏每一台機器的負載數據。屏幕上的曲線每隔幾秒便跳動一次，以不同顏色的電池形象，直觀生動地展示給工作人員。

通過部署 332 個能耗監測點傳感器，娃哈哈的生產線收集、傳輸、存儲並整合了整個生產基地的水、電、天然氣和水蒸氣的使用或者消耗的實時數據，將企業崗位與設備相關應用系統互聯互通，實現了內部業務數據和生產流程的橫向整合，並通過設備生產數據可視化呈現來輔助管理者決策。

圖 9.7　娃哈哈數據中心智能設備管理平台（圖片來源：娃哈哈）

例如，如果一台設備的電錶負載數據顯示為一塊紅色電池，說明它正在滿負荷運作；而如果顯示為一塊綠色或黃色電池，則說明設備運作適中或利用率較低，管理員就可以停止部分低負荷設備的運行，將生產任務分配到負載適中的設備上來達到節能增效的目的。

在上線不到一個月的時間裏，智能設備管理平台就為娃哈哈節約了生產用電成本 72 萬元，燃氣成本 37.5 萬元，共計節約能源成本 109.5 萬元 [119]，而智能化平台的搭建僅僅花費成本 90 萬元。這可是個穩賺不賠的生意，就像我們花錢體檢、看醫生是為了儘早發現身體的異樣，及時發現問題並改善境況，避免更大的經濟和身體負擔。

除了可以給生產設備問診，實現設備運作優化和節省能源成本，大數據還能對產品開方問診，用可靠的方式識別殘次品並控制出廠次品率，減少殘次品帶來的損失，實現精準的產品質量控制。

眾所周知，電子產品由許多精密零部件組成，任何一個零部件出了問題都將大大影響電子產品的使用體驗，因此廠內精準的質量檢測是電子產品廠外市場競爭力的重要基礎。

在 OPPO 工業園的表面貼裝技術（Surface Mount Technology，SMT）生產車間，從空白主板到裝滿元器件的整

個生產過程中，需要工人直接參與的環節非常少，反倒是專業
自動化設備、傳動帶和機械手在更多地參與主板生產和元件嵌
入，如圖 9.8 所示。除了這些頂尖的自動化製造設備，OPPO
在 SMT 車間還設置了 18 道品質檢測工序。元器件要像闖關一
樣逐一通過這 18 道工序的連續檢測，每一道檢測都是為了保
證次品不進入下一道工序。

　　得益於信息化管理系統和全數字化製造流程，即使細如
筆尖的元器件都可以被及時監控和精準追蹤。以往靠有經驗的
工人來排查到底哪個元件出了問題，費時費力還耽誤生產進
度。現在系統自己就能利用生產流程數據準確快速地定位元器
件：它正在哪條生產線、哪道工序、經過了哪台設備的測試，
甚至最後被裝入哪部手機。這就是 OPPO 車間高質量生產手
機（手機主板良品率保持在 99.9%）的祕訣 [120]。

圖 9.8　OPPO 手機主板生產與元件質量控制（圖片來源：OPPO）

大數據在生產流程和質量控制上的角色，就像一名老練的醫師。而作為充分挖掘大數據價值的關鍵技術，機器學習也融入了食品製造業。

在樂事薯片的自動化加工系統中，設備採用激光「打擊」薯片，通過採集返回的聲音來判斷薯片紋理。在這個過程中，就用到了智能技術來分析聲音信號，實現自動化質檢。你可能會問了，薯片的紋理還需要這麼複雜的機器學習來檢測麼？是的！因為好的紋理能增加薯片的強度，不至於一打開就是一袋碎屑。如果你打開的是一袋碎屑，恐怕你再也不會買這個牌子的薯片了。

現在，那些努力追求產品質量的製造企業，即使擁有再多經驗豐富的工人或管理者，遇到問題都得先看看大數據開的「診斷報告」。它可以告訴生產一線操作工人、主管和高級管理人員，產品是否合格，哪裏可以優化改善，問題出在哪一塊兒。大數據被用來幫助企業提高對製造過程的洞察力，以達到優化生產流程和提高良品率的目的。

一般而言，優秀的產品製造商都會提供完善的售後服務。但在引進大數據系統之前，被動的線下服務受限於很多不確定因素，其服務的及時性和效果是無法標準化評估的。隨着企業提供產品的前端到提供服務的後端之間不同系統被打

通，有了大數據系統做基礎支撐，企業就能獲得高效、全面而且及時的機器「問診」服務，通過大數據預判並解決存在的隱患。

在全世界 101 個國家和地區的近 300 個集裝箱碼頭上，我們都能看到振華重工的港口機械重型裝備在有條不紊地全自動化運作。上海洋山港四期全自動化碼頭面積相當於 312 個足球場大小，這個年吞吐量達到 630 萬標準集裝箱的碼頭作業非常忙碌，運輸船運載車來來往往、集裝箱起起落落，但幾乎看不見人工作業。在這些鋼鐵巨龍的背後，其實就是振華重工自主開發的、可以全面感知各種信息並自動管理、自動進行智能決策和自主裝卸的全自動化集裝箱碼頭裝卸系統。

那麼這個系統如何保障自動化碼頭的安全作業呢？答案就在於振華重工港機上佈置的各種用於採集數據的物理傳感器設備。由這些感知設備採集到的各類數據被輸入 3D 仿真模型中，並與「虛擬傳感器」的數據融合，即可實現港機總體載荷的實時分析、關鍵部件的疲勞壽命預測分析等「智慧功能」。通過利用深度學習算法對不斷更新的港機大數據進行學習，系統最終得出一系列準確的數值。

這種服務對港口的生產安全有很大價值，不僅可以定期發送設備健康評估報告，建議用戶更換某些備品備件，還能遠程監測和診斷系統，提供「4 級危害故障預警」，及時提醒用

戶進行檢查和維修，防止結構性危害。藉助大數據驅動，振華重工從港口機械重型裝備製造商向數字化碼頭集成商轉型，為用戶提供基於港機「全生命周期」的預測性運維服務，保證了港機設備的正常運轉 [121]。

延伸閱讀

問診中國基建的「挖掘機指數」

「壓路機市場回暖！」

「起重機開機率復甦！」

「水泥攪拌站施工率還在下行！」

……

在位於湖南長沙的三一重工數據中心的巨大屏幕上，混凝土、挖掘、吊裝、路面、港口、樁工等 20 多萬台工程機械的大數據實時展現出來，大屏幕上一張實時反映經濟活力的指數地圖躍然眼前，令人震撼。

三一重工的挖掘機「挖」的不僅是土，還有大數據這塊鑽石礦！

這就是「新晉大數據公司」——三一重工的「挖掘機指數」：藉助大數據和物聯網技術，一台台機械通過機載控

制器、傳感器和無線通信模塊，與一個龐大的網絡連接，每揮動一鏟、行動一步，都留下數據痕跡。經過七年多的積累，三一重工形成了 5 000 多個維度、每天 2 億條、總量超過 40TB 的數據資源。海量機械的應用場景和開工率等來自一線的真實情況，從無數工人手中流動到三一重工。數據代表性遠超過統計抽樣，不但生動地刻畫了我國基建行業的熱力圖，還具備指數條件，已然成為企業經營、轉型的依據，甚至還流動到國務院領導的案頭，成為把脈經濟動向的參考[122]。

9.3　工業互聯網：不僅僅是機器換人

細心的讀者也許已經發現，前兩節許多部分提到了生產車間裏的工人數量減少，彼此連接機器設備就能夠完成所有生產流程。正如尤瓦爾·赫拉利在《未來簡史》裏說的：「未來世界，大部分人類可能是多餘的。」在智能化時代，高度集成的生產系統正在壓縮傳統工人的工作空間。高效生產的竅門不再是工人多年積累的生產經驗和熟練的裝配手法，而是那些越來越多「剛上崗」的機器「新手」，因為它們能夠比老練的工人更高效地完成日常生產作業。

在位於杭州蕭山區的兆豐機電的無人工廠裏，一條新上

馬的生產線讓旁邊傳統生產線上的老工人唏噓不已。原來，這條新生產線上的「菜鳥」機器人能更快更好地完成生產。做一套第三代汽車輪轂軸承單元的生產用時，新生產線只要 18 秒，但傳統人工生產線起碼要 10 分鐘。同時，這條新生產線只需要不到 50 人就能完成傳統生產線上 380 名工人才能完成的工作，甚至零件組裝和物料搬運都可以用機械手和自動導引運輸車快速完成，哪裏還需要那些熟練的「老手」呢[123]。

在惠州勝宏科技的智能工廠裏，現在也不再需要那麼多穩重老練的生產工人了，所有精密電子器件的生產完全靠高效的機械手臂來完成。曾經 10 億元的產值，需要 1500 人來生產，而現在只需要 350 個操作工人，每道生產工序從 20 小時縮短到 1.5 小時。那些曾經有着穩重雙手的工人，如今也只能讓位給這些初入車間的機器「新手」。

「機器換人」正成為越來越多企業轉型升級的共識。2013 年，浙江省經信委的公開數據就顯示：浙江省將有 61.5% 的企業至少減少 10% 的一線員工，其中 16.3% 的企業將減少 30% 以上一線員工[124]。在現在乃至未來的工廠裏，工人將會變得越來越少。企業的這種無人化轉變，不僅降低了生產成本，同時還提高了單位時間內的產出效率。而這背後的支撐，正是湧動在各種設備之間的大數據。

　　老牌製造企業長虹集團自 2009 年就開始了整體生產線的數字化改革。長虹打通了原本孤立的用戶需求分析、市場預測和生產計劃等環節，實現了整體維度上的數據串聯，實時指揮製造系統，完成了生產智能化的升級轉型。

　　在長虹集團模塑四廠的機床前，有一塊用於展示的電子顯示屏，這塊電子屏幕可以顯示這台機床上所有的生產數據，而每一台機床的數據都與後端平台實現了實時共享，與生產計劃、工藝技術、設備、模具到成品庫等環節之間的數據壁壘不復存在。也就是說，當前端任一環節的數據有變更時，後面的生產製造環節就會迅速響應，並進行自適應調整，由此帶來的好處是生產線的高度彈性，並且可以避免生產浪費和存貨積壓。這完全歸功於長虹信息化建設中全面推廣的大數據應用。

　　機器的自動化從硬件層面解放了人力，提高了效率。但在信息化改造落地之前，長虹的每台機器也都是彼此孤立的，每台機器都需要三班倒輪崗監控。以信息化、智能化為支撐的系統管理平台的搭建，就像是橫跨在孤立機床間的立交橋，生產流程中每個環節的數據都在這些通道中實時流通，並在後端平台實現交匯。因此，長虹的車間不再需要工人在噪聲裏全天候值守來監控設備的運行和生產，只需要在後端平台就可以對貫穿整個生產線的生產數據進行追溯和監控，實現了全

生產流程的實時監測。除了少量幾個更換模具的員工外，其他人員都轉移到工作環境更友好的集中處理區，對產品進行最後的驗收入庫。硬件自動化加軟件信息化，長虹集團的模塑四廠真正躍升為「無人工廠」[125]。

　　大數據在生產研發創新、質量監控和供應鏈的分析優化等重要環節發揮着越來越重要的作用，智能化的工廠不僅僅是設備聯網或機器換人，而是以人機互聯、軟件和大數據分析結合為核心所形成的工業互聯網。

　　我國工業互聯網的提出可以追溯到 2015 年的「互聯網＋」行動。到 2017 年國務院正式提出要深化「互聯網＋先進製造業」，發展工業互聯網，此後在北京、上海、廣州、武漢、重慶五大城市設立了中國工業互聯網標識解析國家頂級節點。2018 年，工業與信息化部（工信部）印發了《工業互聯網平台建設及推廣指南》和《工業互聯網平台評價方法》。2019 年 1 月，工信部印發《工業互聯網網絡建設及推廣指南》。3 月，「工業互聯網」成為「熱詞」首次寫入《政府工作報告》。報告明確指出要圍繞推動製造業高質量發展，強化工業基礎和技術創新能力，加快建設製造強國，打造工業互聯網平台，拓展「智能＋」，為製造業轉型升級賦能。

　　作為行業轉型的領軍企業，美的集團經歷了打造「工業

互聯網」的三部曲：從 2008 年開始，美的聚焦傳統 MES（製造執行系統）改造升級，打造精品；到 2013 年建設智能精益工廠，推動智能機器人、智能自動化和智能物流等核心流程，以實施信息平台的數據統一；到 2018 年，基於大數據的分析和延展，從引進機器人建設智能工廠，到縱向打通工業互聯網生態圈，美的發展到可以跨行業輸出適應各種生產應用場景的自動化及商業解決方案。

相比消費大數據，工業大數據更複雜。一方面，它有着不間斷、多樣性和實時性等特點；另一方面，互聯工廠的供應參數、生產工序的每一點變化，都會導致數據本身產生很大的變化。因此，互聯工廠要真正實現自動化生產，首先企業要實現信息化，在此基礎上推動所有流程的數字化。企業必須倒推流程，從原來生產主導，轉到以用戶為中心來開發產品。圖 9.9 所示為美的家用空調廣州工廠的大數據中心。

從企業生產流程縱向看，當用戶直接在美的線上商城上訂購個性化產品時，訂單信息通過 C2M（顧客對企業）系統實時傳到互聯工廠，智能製造系統自動排產，並將信息通過協作平台傳遞給各個工序生產線及所有模塊供應商、物流商，以及不同的工序對應的產品模塊生產。這是第一步，互聯工廠的大數據平台實時呈現生產線、營銷等企業運營活動的真實狀況。

圖 9.9　美的家用空調廣州工廠的大數據中心（圖片來源：美的）

　　第二步，基於大數據融合的管理系統，所有生產設備、工人或機器，甚至每一個機械手都能產生數據，因而從原料配置、產品生產到下線包裝、物流數據，企業都能實時監測，並掌握最終產品的銷售區域市場去向，搭建柔性生產線按需生產，從而實現真正意義上的智能製造。

　　第三步，橫向跨越設計、生產、銷售和服務數字化全鏈條，從而實現企業自動化運作，完成智能化的數據閉環。例如，傳統企業需要 10 多天才能通過企業信息化的 ERP 雲平台拿到生產報表數據。但是，智能化的互聯工廠提供了實時的大數據，包括外部供應商的多個環節都可以直接看到用戶的需求，可實現經營管理優化和資源匹配協同。

延伸閱讀

工業大數據的應用挑戰

製造企業每天都產生海量的數據，包括內部的運維、管理、流程和質量等。同時，互聯網大數據時代，關聯的外源數據更多，包括供應商、競爭對手和客戶需求反饋等。如何通過建構大數據系統，結合製造行業的知識經驗將硬件、機器和工業軟件更好地整合起來協作，是工業互聯時代的考驗。

如果把一家製造企業比作一部蘋果手機，雲 ERP（企業資源計劃）就好比 iOS，是工業企業經營的核心系統；而 MES（製造執行系統）就是各種 App 應用，能夠提供生產數據的實時信息。當一家製造企業將雲 ERP 和 MES 結合部署後，便能嚴格控制生產過程質量、標準化以及自動化作業流程，對生產過程中的設備、物料和人員進行實時監控，確保每個工序生產作業準確執行，實現現場數據的溯源和收集，實時反饋生產狀況以及時進行生產干預及調整。只有當雲 ERP 與 MES 形成互聯互通，企業才能根據變化的數據信息及時調整作業，讓車間與公司決策層的商業目標保持一致。圖 9.10 所示為美的微波爐電子 MES 項目示意圖。

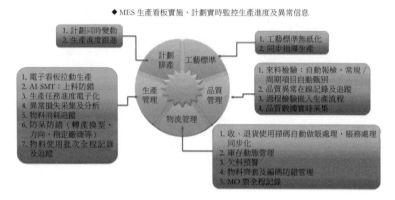

◆ MES 生產看板實施，計劃實時監控生產進度及異常信息

圖 9.10　美的微波爐電子 MES 項目示意圖（圖片來源：美的）

　　站在產品類型和生產工藝組織方式的角度來說，企業可分為流程生產行業和離散製造行業，而不同類型的製造企業對 MES 應用的需求不同。典型的流程生產行業有醫藥、石油化工、鋼鐵和水泥等領域，這些領域的企業主要採用按庫存、批量且連續的生產方式。典型的離散製造行業主要包括機械、電子電器、航空和汽車等領域，這些領域的企業既有按訂單生產的，也有按庫存生產的。無論是流程生產行業還是離散製造行業，雲 ERP＋MES 的組合拳都是提升軟實力的必需品，也是打開工業互聯網的觸角和入口[126]。

　　如果把製造業所有機器設備的數據全部打通，這種製造業的智能化轉型將徹底改變經濟發展方式。智能製造的目

的，就是利用數據整合產業鏈和價值鏈，通過大數據技術完成需求預測、生產模擬、生產可視化並監測「不可見問題」，實現全價值鏈的數字化解決方案。在那些率先完成智能化轉型的生產車間裏，頻繁流動的要素不再是電流、人流、資本流或者物流，而是數據流。

不過，縱觀中國工業企業的大數據平台應用，情況還難以令人樂觀。據工業互聯網產業聯盟近期的一份報告分析，在調研的國內外 366 個工業互聯網平台應用案例中，四成的平台應用仍然局限於產品或設備數據的檢測、診斷與預測性分析領域，還沒有涉及經營管理優化和資源匹配協同等場景，因為與後者相關的數據涉及面更廣、分析複雜度更高。究其原因，一方面，傳統企業一個個數據載體孤立，各個「節點」並不連通，無法跨系統、並聯協同快速響應用戶的需求；另一方面，需要長期的工業知識和經驗積累，才能將異構數據源的數據高質量、高效率地整合到一起，滿足企業「智造」升級的需求[127]。

9.4　未來已至：覺醒的「智」造業大國

從改革開放至今的短短 40 餘年間，我國建立了門類齊全的現代工業體系。今天的中國，已成為世界上最大的製造業大

國。如此迅猛的發展，在人類發展史上絕無僅有。

　　世界銀行統計數據顯示，2016 年中國在世界製造業競爭力指數排名中位居榜首[128]。2016 年中國製造業增加值超過 3.22 萬億美元，佔全世界的 26.20%，超過美國和德國製造業增加值的總和，遙遙領先於世界其他國家（見圖 9.11）。

　　2018 年，我國製造業總產值達到 26.48 萬億元，佔全年 GDP 的 29.41%[1]。在當年中國企業 500 強名單裏，屬於製造業的

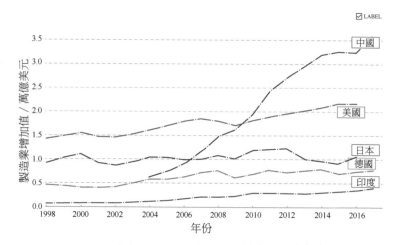

圖 9.11　1998—2016 年中、美、日、德、印五國製造業增加值（數據來源：世界銀行公開數據）

1　數據來源：國家統計局。

企業有 253 家，淨利潤增速比服務業高 7.1%[1]。在漂亮的統計數據表象之下，是在新的領域不斷探索尋求轉型的製造業大軍。

　　未來 20 年是中國製造由大到強轉型的關鍵時期，也是製造業發展質量變革、效率變革、動力變革的關鍵時期。大數據帶來的顛覆性創新技術將徹底撼動傳統工業活動與製造工藝，革新生產方式，重構製造業的產業格局，建立起數據拉動、需求拉動的新經濟生態。

　　馬雲曾預言：「以前製造業靠電，未來的製造業靠數據。」隨着物聯網、芯片、人工智能、大數據、雲計算和深度學習等新興技術的成熟和普及，它們都會像蒸汽機、石油顛覆手工業一樣，徹底改變今天製造業的生產車間。未來的數據算法專家不只是在互聯網公司工作，還可能坐在車間裏面寫代碼。未來成功的製造企業，都必定是積極擁抱大數據、物聯網和雲計算的數據型製造企業。

　　中國已經見證了大數據對消費互聯網的巨大改造勢能。如今，大數據引領的智能製造、工業互聯網正向工業領域延伸。從 2012 年開始，美的集團持續多年重金投入 IT 改造，在每年上千億元的總營收中拿出千分之一的資金，通過數據來驅動業

1　數據來源：《中國 500 強企業發展報告（2018）》。

務的變革，搭建了美的工業互聯網體系，同時大大提升了經濟效益，推動了整個集團從傳統製造業到科技集團的轉型，並通過專業服務平台向外輸出，為其他企業大數據智能升級改造賦能。

由「製」到「智」，是製造業的一場基因重組，一個有未來的製造企業，終將成為一家智能化的數據公司。製造業將成為「機器人＋傳感器＋硬件集成＋雲平台＋信息化系統＋AI算法」的智能聯合體。這種新型的生產製造體系，絕不是簡單的「機器換人」或「熄燈工廠」，而是以用戶需求數據為起點，利用信息化技術提升每一個生產節點的精度，實現整體的閉環優化。它還能改變生產者與消費者間長久以來若即若離的關係，重新打造製造產業的價值鏈。

新時代大國之間角力的發力點早已從製造領域昇華到「智」造領域。而要建立世界範圍內的「智」造大國，就必須推進技術安全與標準體系的建設，以技術優勢、人才優勢、數據優勢和制度優勢，持續增強我國製造業已然強勁的國際競爭力，用大數據鑄造大國重器，推動我國製造業整體走上集約化、高效化、網絡化和智能化轉型之路。

第十章

數治生態：
行進中的美麗中國

綠水青山就是金山銀山。

——習近平總書記在浙江省湖州市安吉縣
考察時提出的發展理念[129]

　　你知道嗎？地球水資源總量約為 14 億立方千米，而淡水資源僅佔其中的 2.5%。在這些淡水資源中，大約有 70% 是山地和極地永久冰雪。這也就意味着，地球上可供人類直接使用的淡水資源僅佔水資源總量的 0.75%。

　　可你又知道嗎？一個沒關緊的水龍頭，一個月可以流掉 1～6 立方米水；一個漏水的馬桶，一個月要流掉 3～25 立方米水。假設，一個城市有幾十萬個水龍頭關不緊、幾十萬個馬桶漏水，一年會損失上億立方米的水。

　　人類對水的浪費是相當驚人的。然而，對於很多企業和家庭來說，每小時、每天、每月的用水量是否合理，半夜是否發生了漏水問題，卻往往還是一筆糊塗賬。還好，這一切正在悄然發生着變化。

　　隨着萬物互聯的大數據時代到來，從階梯水價、智能水錶，到智慧水務、智能灌溉和生態環保大數據，大數據技術及應用正在滲透到生態文明建設的各個領域。生態文明建設始終以節約資源、保護生態為主線，大數據的賦能讓生態文明建設更加科學高效。

10.1　關注點滴：知水方能節水

2018 年 5 月 8 日，成都市億和物業管理有限公司華潤峰尚客戶服務中心工作人員專程來到城市節約用水辦公室，將一面錦旗送到自來水管理科王景同志的手中 [130]。「想企業所想，急企業所急。」成都市城市節水辦得到了這樣的評價。

黨的十八大以來，習近平總書記多次就節水工作發表重要講話、作出重要指示，特別是提出「節水優先」，並將其擺在「節水優先、空間均衡、系統治理、兩手發力」新時代水利工作方針的首要位置。

作為全國缺水城市之一，成都人均本地水資源量僅 647 立方米，不足全國人均水平的三分之一，不足世界人均水平的 10%。為了鼓勵企業和公眾建立節水意識和行為習慣，成都市採用了目前主流的階梯式水價制度，嚴格實施計劃用水管理，對超計劃用水加價收費，還嚴查隨意改變性質用水，有效促進了成都節約用水工作。2017 年，成都順利通過國家節水型城市第三次復查考核驗收，全市（市區）全年節水量達 2 518.4 萬立方米 [131]，如果按照成都錦城湖濕地公園 133 萬立方米的容積來計算，相當於攢下近 19 個錦城湖！

據悉，成都水務部門已在積極部署利用大數據分析推出

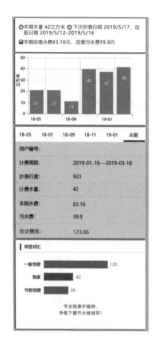

圖 10.1　個性化水單

個性化水單（見圖 10.1）。通過水單的個性化，同類型同規模企業能看到自身企業的用水排名及節約用水指數，小區居民用戶也可參考同小區、同等人口結構家庭的用水量排名和節水指數。這些數據直觀有效，通過「鄰里間的競爭」形成節約用水的習慣，引導酒店、茶樓和水產養殖等用水大戶改變用水習慣。以酒店為例，對平均用水顯著高於同等規模同行的酒店，個性化水單會發出警示信息，鼓勵經營者採取各種節水措施，例如安裝節水馬桶、節水水龍頭和中水回收系統等節水設備，以及增加節水標識佈置，從而改善酒店經濟效益和社會環境效益。

在城市供水中，如何解決「跑冒滴漏」是另一大難題。水在輸送過程中管網壓力不均衡，在不同時期每個城市區域、小區樓宇和企業工廠的水使用量並不一樣。因此，需要實時採集供水區域管網壓力監控點、關鍵流量點及水質監測

點反饋回來的數據，及時掌握管網運行、流量和水質情況，按照需求供水。這樣就能減少管網損害及能源消耗，避免供水滴漏。

近年來，浙江省紹興市利用大數據、物聯網和管網仿真等新一代信息技術，建立了「三維立體式」的供水管網地理信息（GIS）系統，數據涵蓋了從用戶水錶到出廠流量計的全部管網和閥門、消火栓和排放口等供水附屬設施，其中水錶信息涉及 40 餘萬用戶，率先在行業內構建起「用數據管理、用數據服務、用數據決策」的智慧水務體系，實現了精準高效控漏，管網漏損率連續多年穩定控制在 5% 以下，每年可節水近 1 000 萬立方米，相當於一個西湖的水量。[132]

10.2　灌溉有「數」：別讓農作物「喝多了」

大數據不僅在城市供水、用水和節水方面發揮積極的引導作用，還在農業灌溉用水、節水領域大顯身手。作為「耗水大戶」，農業灌溉用水量佔全國總用水量的 61.4%[133]，因為我國 95% 的灌溉土地，仍然延續傳統的漫灌和溝灌方法，水利用效率僅為 30%～40%。相比之下，發達國家水利用效率更高，可達 80%～90%[134]，有利於保持水土生態良性循環。因

此，改進中國農業灌溉用水、節水，是構建生態文明建設的重要一環。

讓我們去看看江蘇省新沂市正在推廣的現代化溫室蔬菜培育現場。

在新沂市瓦窯鎮，一排排大棚鱗次櫛比，大棚內的大屏幕上實時更新環境數據：「空氣溫度 29.1℃、土壤溫度 17.6℃……」這種溫室大棚智能系統通常由雲軟件系統、微信或 App 客戶端、現場主機、節點控制器和數據採集終端組成，實時監測溫度、濕度和土壤水分等蔬菜生長環境參數，通過與供水供肥系統有機結合，可實現智能化監測，控制灌溉中的供水時間、施肥濃度及供水量，為蔬菜生長創造最適宜的環境。因為採用了大數據、雲計算、物聯網和智能感知技術，同時輔以土壤墒情 [1] 監測和氣象信息監測，灌溉有「數」，蔬菜灌溉用水比原來節省了 50% 左右，還省肥、省力、省時。[135]

在這樣一座大棚裏，各類農作物的長勢、每日農事安排都直觀顯示在大屏幕上，菜農可以按照規劃執行滴灌任務。以往，菜農需要豐富的經驗和專家指導，摸索出澆水、施肥和打藥的要訣。但是有了大數據的利器，農業生產流程也向管理定

1　墒情，即農作物耕層土壤中含水量多寡的情況。

量化和精確化轉變，從粗放走向精準，「靠經驗」不再是唯一
選擇，數據更為可靠。曾經的看天吃飯，已經變為看「數」吃
飯，由大數據驅動的精準灌溉時代已經來臨。

延伸閱讀

智能精準灌溉系統

　　智能精準灌溉，是指對農作物生長發育狀態過程及土
壤墒情、降雨量等環境要素的現狀實現數字化、網絡化和
智能化監控。對精準農業而言，土壤乾或濕，如土壤水分
數據 30%、20%，並沒有實質指導意義，真正有意義的是
「墒」，也就是作物根系周圍含水量的變化量，才能正確反
映作物根系的吸水和生命活動情況。如果前一天根系吸水
使土壤含水量降低了 5%，今天根系吸水僅使土壤含水量降
低了 2%。這可能說明作物根系吸水少了，不容易從土壤中
吸收水分了，那就該灌溉了。系統通過收集土壤墒情、天
氣和濕度等各類農作物生長環境數據，並利用農作物生長
環境大數據分析模型，計算核定農作物在不同階段所需的
水肥量，並實時動態調整。既不讓農作物「喝多」，也不讓
農作物「喝少」。

　　數據分析還可以包括水滲入土壤剖面所需的時間、特定時期內的用水量比較、歷年的情況，以及灌溉性能（實際土壤濕度處於最佳水平、過低或過高的時間）。全面的數據結果，配合精準的灌溉設施，可以確保作物在生長過程中的需求得到滿足，實現高產、優質、高效和節水的農業灌溉。

　　在廣東省最南端的雷州半島，有一座科技感十足的辣椒示範種植園：氣象站的儀器立在田間，蒐集環境溫度、空氣濕度和光照度等數據，土壤墒情儀可以實時記錄土壤中的水分變化、溫度、pH 值和 EC 值[1]等數據。這樣農戶就能觀測到農作物根系環境和土壤肥力，如果需要噴施農藥，隨時可以啟用小型植保作業無人機，均勻地噴灑出含有農藥的水霧；椒農不用走到田間地頭，只需動動手指，通過手機 App 就可以實時監測園內環境、土壤濕度、溫度，以及辣椒生長狀況，在線上就能實現智能配肥、水肥一體化的精準操作。[136]

　　有了這些佈置在田間地頭的高科技設備，所有的監測數

1　EC 值是用來測量溶液中可溶性鹽濃度的，也可以用來測量液體肥料或種植介質中的可溶性離子濃度。

據都能及時反饋至「中樞大腦」，告訴農戶作物是冷了、熱了還是渴了、餓了，這不但能提醒農戶及時為農作物量身定製並配送營養套餐，還能對病蟲害做預防處理。有了大數據的幫助，僅需一個人就能實現 2 000 畝（約 133 萬平方米）土地的精準施肥、澆灌。相比以往的耕種方式，該種植園減少了 20% 農藥、30% 肥料和 90% 水的使用，並且還能增收 20%。

　　在 2015 年意大利舉辦的世界博覽會上，東道主意大利展示了一項公私合作的農業節水項目—— AquaTEK [137]。該項目由米蘭大學和孟山都公司合作研發，旨在通過農田水傳感器裝置採集作物用水狀況的第一手數據，同時結合衛星收集的氣象信息，給予農民農事指導。為了讓農民享受到項目技術應用成果，在得到農民許可的情況下，孟山都公司在意大利 9 塊農田中安裝了特殊探測裝置來測量土壤含水量，同時又安裝了衛星識別裝置，結合天氣信息並參照衛星數據，對土壤濕度、溫度和氮氣濃度等環境大數據進行分析處理，不斷訓練農作物生長環境模型，從而得到農作物最佳生長條件，包括土壤濕度、溫度和氮氣濃度等環境參數，這為精準灌溉的實施提供了可靠的依據。

　　通過監測土壤水分採集到大量的數據之後，利用大數據程序計算得到相應的灌溉數據，實現按作物生長需求進行定量

定點精準灌溉，農民可以優化用水量，提高產品品質，並獲得
最優的成本效益。AquaTEK 項目開展後的兩年間，已經幫助
農民減少了 17% 的水資源消耗，同時作物產量提高了 27%，能
源利用率提高了 20.2%，地下水中氮元素的流失減少了 78%。

延伸閱讀

墒情監測報告與節水大計

我國作為農業大國，加強墒情監測、解決農業灌溉用
水問題，對於緩解水資源緊缺至關重要。近年來，全國各
地陸續把墒情監測列為重要的農業基礎工作，通過監測指
定期墒情來測定不同層次土壤的含水量。

以率先構建了省級耕地土壤墒情監測系統的江蘇省為
例，近 3 年來，江蘇省設立土壤墒情自動監測站 240 個、
農田苗情監控點 162 個，通過遠程監控、實時監測和數據
分析，實現了農田墒情自動評價及灌排預警。

同時，江蘇省應用智能感知、物聯網、大數據和移動
互聯網等現代信息技術手段，通過應用服務商，對獲取的
監測數據同步處理分析，信息按小時入網，建成「江蘇省
土壤墒情監測系統」信息平台，實現土壤墒情、作物苗情

和區域氣象等信息實時自動監測監控。參考這些數據，種植者可以更科學地決定何時灌溉，或遠程啟動灌溉計時器來自動灌溉。[138]

　　灌溉有「數」，用水有方，在這裏，數據就是生產力。利用大數據，可以精準感知用水需求，精準把控用水量，恰到好處。「知」水方能節水，而精準灌溉只是水資源保護的一個縮影。

10.3　環保雲平台：打破「部門割據」強化監管

　　水，是生態環境的控制性要素。

　　近 20 年來，經濟的快速發展，也給中國各地生態環境帶來了「不可承受之重」。河長制[1]在江蘇省無錫市的實施，就緣於 2007 年太湖藍藻污染事件引發的水危機舉國關注，迫使無錫市決心重整水生態，於是進行制度創新，決定由黨政負責人擔任「河長」，統籌河流上下游、左右岸聯防聯治，協調跨部門聯動與社會參與。2016 年 12 月，中共中央辦公廳、國務

---

1 「河長制」，即由各級黨政主要負責人擔任「河長」，負責組織領導相應河湖的管理和保護工作。

院辦公廳發佈《關於全面推行河長制的意見》。隨後，全國各地加快落實建立河長制，並運用移動互聯網、大數據等新興技術，建立河長制信息管理系統、河湖大數據雲平台等水系信息化基礎設施。

在成都市，河長制信息系統整合現有各種基礎數據、監測數據和監控視頻，讓在線河長巡河率達到 100%。數據河長是如何發揮效能的呢？據成都市水務局相關負責人介紹，2018 年成都市開發河長制信息系統，完成「成都 e 河長」手機 App 建設運行，實現電子化巡河，註冊河長達到 10 462 名，上報問題 24 103 個，其中完成整改 19 113 個，整改完成率約 80%。數據河長的網格化信息管理系統優勢在於：既方便河長隨時掌握自己負責的河道位置、水質和排口等基礎信息，又方便河長及時交辦問題、督促整改並驗收銷號，通過大數據分析智能分配問題流轉，通過對巡河、填報數據進行分析，實現河流狀況的實時預警、發佈和反饋（見圖 10.2）。

「大數據＋河長制」藉助大數據智能算法，搭建了面向各級領導、工作人員和社會公眾提供不同層次、不同維度和不同載體的查詢、上報和管理系統，為打贏碧水保衛戰加足了馬力。可以說，「數據河長」是踐行「綠水青山就是金山銀山」理念的重要舉措。

圖 10.2　成都 e 河長手機 App 示意

「兩山」理論

早在 2005 年 8 月，時任浙江省委書記的習近平在浙江省湖州市安吉縣考察時就提出了「綠水青山就是金山銀山」的科學論斷。既要金山銀山，又要綠水青山，「兩山」理論充分體現了馬克思主義的辯證觀點，系統剖析了經濟與生態在演進過程中的相互關係，也揭示了經濟社會發展的基本規律。

生態文明建設關係人民福祉和民族未來，建設美麗中國是實現中華民族偉大復興的中國夢的重要內容。在 2013 年中央城鎮化工作會議上，習近平總書記進一步指出，要讓城市融入大自然，讓居民望得見山，看得見水，記得住

鄉愁。碧水、青山、藍天是人們對美麗中國最樸素的理解，以治水為突破口推進轉型升級，也是生態文明建設的重要任務。[139]

　　望得見山，看得見水，記得住鄉愁，體現出了尊重自然、建設宜居中國的生態理念。在宜居城鎮建設中，自 2015 年開始，「海綿城市」的概念陸續在各處落地。2017 年，「海綿城市」第一次被寫進《政府工作報告》，大數據等關鍵技術也在各試點城市被用於推動「智慧化管理」落地。

　　大數據如何實現海綿城市的締造？大數據將原本分割於各部門的數據，如城市水文數據、水資源數據、水質數據、實時雨情數據、歷史大洪水數據、氣象數據、災情數據和水土保持數據等統籌整合，可以實現對城市水務、天氣和土壤濕度等各類動態數據的收集。

　　在重慶市兩江新區，坐落着國家首批海綿城市試點區域之一、悅來「海綿城¹」，通俗地講，海綿城可以在降雨時及時存蓄、滲透並淨化雨水，同時補充地下水、調節水循環；在幹

1　海綿城市是指通過加強城市規劃建設管理，充分發揮建築、道路和綠地、水系等生態系統對雨水的吸納、蓄滲和緩釋作用，有效控制雨水徑流，實現自然積存、自然滲透、自然淨化的城市發展方式。

旱缺水時，它將蓄存的水釋放出來，並加以利用。悅來海綿城市監測與信息平台通過 300 多個監測站點實時採集、傳輸的監測數據，由後台數字化水文、水力模型進行不間斷的實時模擬計算，預測未來 2 小時之內的降雨是否會造成排水管湧、路面積水和城市內澇等現象。除了計算降雨時的流量，該模型還密切監控異常數據並及時分析，對違規排放進行精準定位報警，或在管網發生異常淤積時及時報警。[140]

　　小雨不濕鞋，大雨不內澇，這是海綿城市需要帶給公眾的宜居幸福感受。但城市管理和生態治理都是複雜工程，需要突破不同職能部門的信息壁壘，實現對海量數據的集中存儲、結構化數據和非結構化數據的統一管理，加以數據分析和挖掘，實現生態治理的科學預測、預警、決策。

　　國家高度重視大數據在推進生態文明建設中的地位和作用。在 2015 年 7 月中央全面深化改革領導小組第十四次會議上，習近平總書記明確指出，要推進全國生態環境監測數據聯網共享，開展生態環境大數據分析。2016 年 3 月，環境保護部辦公廳發佈《生態環境大數據建設總體方案》，提出加強生態環境大數據綜合應用和集成分析；2018 年 9 月，生態環境部辦公廳發佈《關於進一步強化生態環境保護監管執法的意見》，提出打造監管大數據平台。

目前，已有不少地區利用多源大數據，搭建了「生態環境系統大數據平台」。通過收集、分析、處理並應用土壤、植物等數據，為自然資源的管理、投資、保護與合理利用提供決策依據，提高資源配置效率，促進生態保護，實現可持續發展。

伴隨着諸多複雜的自然因素、社會因素的相互作用，內蒙古草原生態曾一度進入「退化期」，草原的退化對內蒙古的經濟、文化和社會影響巨大。在 2017 年的全國兩會上，全國政協委員、內蒙古蒙草生態環境（集團）股份有限公司董事長王召明提交了《關於建立國家草原生態環境大數據的提案》[141]。提案認為，要重視大數據的應用，解決生產中的信息匱乏和不對稱，一方面可以保障農牧民的養殖畜牧業經濟效益，另一方面也可以科學保護和修復草原。

在內蒙古草原，優質牧草缺口較大。雖然農牧民種植積極性很高，但究竟應引進哪些適種草、怎樣結合土壤特性耕種，以及如何避免過度開發種植，這些問題擺在農牧民面前。如果建立起大數據平台，同時列入植被情況、降雨分佈、溫度差異、季風情況和空間開發情況等一系列生態數據，就能高效地篩選出適合草原各地區種植的牧草品種、生長規律和種植過程中所需水肥的配置方案。

生態環境大數據平台建設，對打破「部門割據」、消除

「信息孤島」、推動生態文明建設發揮了重要作用。

2018 年 4 月初，福建省生態環境大數據平台正式上線運行，成為全國首個省級生態環境大數據雲平台項目[142]。

福建省充分發揮生態雲的作用，推動數據可視化，匯總省、市、縣三級環保系統及部分相關廳局的業務數據、物聯網監測數據（水、大氣、輻射、污染源和機動車環保監測等）及互聯網等數據，將區域、流域發展水平和產業分佈、資源消耗、污染排放和環境質量等形成智能畫像，使大數據預測模型更加精準。例如，雲平台建設了大氣立體監測網絡數據分析、預警預報、移動源動態污染排放和大氣環境敏感點識別等模塊，推動大氣污染治理主動預報，實現 3 天精細化預報和未來 7 天的空氣質量準確預報。

據 2018 年數據統計，福建省森林覆蓋率達 66.8%，福建省 9 市 1 區城市空氣質量達標天數比例達到 95.0%，全省主要流域 I 類～ III 類水質比例為 95.8%，均比全國平均水平高出十多個百分點[143]。

除福建省外，貴陽市貴安新區同樣利用大數據助力生態環境監管。在傳統的人員監管模式下，生態污染源普查嚴重依賴人力紙質資料收集，以及資料整理和相關指標核算，耗時長達一兩個月。貴安新區自 2014 年開始建設以大數據、物聯

網技術為支撐的「貴安新區數字環保雲平台」。如今工作人員只需要負責數據收集，後期大數據分析工作全部通過系統完成，不但打破了以前環保局內部的數據壁壘，還激活了大數據技術在環境監管領域的應用[144]，使生態環境監管走進了大數據智能化監管時代，決策效果更好。

10.4　共建生態大數據，喚醒公眾參與熱情

「讓數據說話，用數據管理」，環境保護部發佈《生態環境大數據建設總體方案》的思路深入人心，在上海、四川、江蘇無錫等地出台的「環境信息化『十三五』規劃」中，推進大數據監管都被列為其主要任務之一。

在成都市高新區鐵像寺水街，火鍋店廚房裏的油水分離智能設備正在「轟隆隆」運行。廢棄物經歷了油脂抽取、廢水排放和殘渣裝袋等流程，廢棄物的油脂佔比數據也同時傳輸至城管部門監控的平台。經過分離後的固體殘渣由收運單位統一用指定的餐廚垃圾桶運走即可。城市中大量的餐廚垃圾分類、運輸、回收和處理工作形成了一個智能監管的閉環。智能化的大數據設備，讓餐廚垃圾處理得以在源頭解決，就地分類、及時減量並智能化收集，有效改善了以往餐廚廢棄物混合

收運過程中的「跑冒滴漏」問題[145]。

展望未來，隨着更多高清視頻應用和先進計算能力的引入，城市人口、企業產能、電力消耗、價格波動等多源數據都可以與生態環境大數據逐一對接。數據之間的矛盾可及時識別，相互驗證，通過數據偵查功能識別異常排污行為，並將更多的環境監管和治理資源應用到特定行業中環境行為最差的企業。

對於生活周遭存在的空氣、水污染等環保問題，公眾相當關心其中蘊含的風險。因此，公眾不僅會積極向環保監管部門舉報，還會在社交媒體或官網信息渠道投訴，這些真實輿情數據都可能形成有效的監督。與之對應的是，利用生態環境大數據建立起企業環保信用評價體系，也可以幫助公眾對企業的環境風險做出星級評價。

在螞蟻金服的環保創新倡議中，用戶步行替代開車、在線繳納水電煤氣費用和網絡購票等日常行為所節省的碳排放量，都可以換算為虛擬的「綠色能量」，培育一棵棵虛擬樹。虛擬樹長成後，將由螞蟻金服和公益合作夥伴在地球上種下一棵真樹。螞蟻金服的數據顯示：截至 2018 年 12 月底，螞蟻森林項目累計種植真樹 5 552 萬棵，總面積超過 76 萬畝（約 5 億平方米），控沙面積超過 100 萬畝（約 6.7 億平方米）。當環保創新成為企業的自主選擇，不僅用戶可以通過大數據直觀感受

企業對環境風險控制的社會責任，政府的環境監管成本也將大大降低，同時還能鼓勵更多企業進行排放主體的綠色化改造。

霧霾一直是公眾關注的焦點問題，國家也制定了一系列的標準來限制企業的排放，然而你知道嗎，共享經濟能夠為我們提供另一種解決方案。

汽車燃油和尾氣排放是霧霾形成的一大元兇，而在打車軟件出來之前，出租車的空駛率較高，據公開資料，北京出租車日均行駛里程約 450 千米，空駛率達到 40% 左右，高空駛率讓出租車行駛更多的無效里程，增加了油耗及尾氣排放。以滴滴打車為例，通過提高司機與乘客之間的供需匹配效率，出租車的空駛率明顯下降，直接降低了出租車油耗與尾氣排放。打車軟件的出現可以讓全國 150 萬輛出租車每年減少碳排放量共計 729 萬噸，這對城市環境改善有極大的示範作用。

聯合國環境署的數據顯示，一棵普通的樹每年可吸收約 0.012 噸二氧化碳，那麼 729 萬噸碳排放量相當於 6.07 億棵樹的全年生態補償量，也相當於三個中等城市一年的碳排放量總和 [146]。

追根溯源，在共享經濟這種資產使用方式的背後，仍然有大數據的身影。因為，只有靠大數據的支持，打車軟件才能實現司機與乘客之間的高效供需匹配，如圖 10.3 所示。在滴滴平台上，有千萬級數量的司機和億級數量的乘客。為了促

成交易，司機需要滿足兩個基本條件：一是空車，二是距離乘客相對近。平台基於需求訂單和司機數據擇優匹配最合適的司機。每促成一筆交易，司機和乘客都無形中為改善城市環境出了一份力。

對於我們而言，生態文明大數據不僅僅是冰冷的數字堆積，還要通過數據挖掘技術、雲計算和信息篩選技術將我們日常的決策和行為與地球的生存健康狀態緊密相連。當大數據能夠引導我們行為的時候，這些冰冷的數字便富有意義地活了起來。

生態環境大數據有助於全面提高生態環境治理的綜合決策水平，然而要達到這個效果，需要在兩方面進一步改善。

一方面是由於當前大數據技術還不夠成熟，大數據並不能完成所有的事情，也會存在自身的局限性。它所擅長的是測量數據中的「量」而非「質」，技術應用表達出來的結果依賴於數據本身的基礎，技術上無法跨越測量數據的局限，無法完全代替人為心理判斷。生態文明大數據的不完備性決定了其離

圖 10.3　大數據支撐下的司機與乘客間的高效供需匹配

大規模推廣應用還有一段距離。

另一方面，大數據技術只是一項科技手段，生態文明建設是一項龐大的系統工程，僅僅依靠科技手段還不夠，還需要法律、政策及管理等方面全方位的配合。例如建立群眾共建美麗家園機制，公眾發現生態問題可以直接傳至大數據平台，同時建立有效反饋機制，提高公眾參與積極性，引導更多的參與者貢獻生態大數據。只有將技術手段與管理機制有機結合，才能實現生態文明建設的偉大勝利，實現黨的十八大報告中所描繪的「形成綠色發展方式和生活方式，堅定走生產發展、生活富裕、生態良好的文明發展道路，建設美麗中國，為人民創造良好生產生活環境，為全球生態安全作出貢獻」。

生態文明大數據本身也面臨着重重挑戰，在數據共享和開放、應用創新、數據管理和創新落地、資金投入等方面還存在着許多問題和困難。

儘管如此，生態文明建設一定離不開大數據的分析處理。我們相信大數據技術一定會成為推進生態文明建設和治理能力現代化的重要手段。利用現代信息技術和大數據技術，實現數據互聯互通，將提高生態文明大數據綜合應用和集成分析的水平，促進生態資源的高效利用和管理，為生態可持續發展的科學決策提供有力支撐。

第十一章

大數據的未來：
數據主義還是人文回歸

對未來最大的慷慨，是把一切獻給現在。

—— 阿爾貝・加繆

「感覺身體被掏空，我累得像只狗……十八天沒有卸妝，月拋[1]戴了兩年半……起來征戰北五環，我家住在回龍觀……」。2016 年，上海彩虹室內合唱團的一首《感覺身體被掏空》唱出了都市上班族的心聲。北京市規劃院規劃師茅明睿分析地鐵、手機定位等數據後發現，作為中國最大的「睡城」之一，回龍觀地區的居民與望京地區的居民相比出門更早、回家更晚，每天自由支配的時間少了一個多小時，而其中許多居民的通勤距離卻並不遠，通勤時間長的主要原因是被京藏高速阻隔。因此茅明睿提出了修建「高速」自行車道的方案[147]。

2019 年 5 月 31 日，連接回龍觀地區和上地信息產業園的北京首條「高速」自行車道終於正式開通。茅明睿感慨，「回龍觀自行車專用路並不是一個常規模式自上而下形成的產物」[148]，而是在大數據驅動下，自下而上做出的「非傳統」城市規劃，更是大數據擁抱人文關懷的一次成功嘗試。

「城市的正義來自市民的廣泛參與」，解決「身體被掏空」的問題，需要工作人員冒着風吹日曬採集第一手數據，需要嫻熟運用各類數據分析方法，但更需要每個人對城市的關心熱愛

1　指理論上可以配戴一個月然後丟棄的隱形眼鏡——編者注。

和積極參與。當我們僅僅通過微博、貼吧和論壇等平台來採集數據時，大量無法上網的老年居民就會被忽略。因此，茅明睿在做社區優化的研究時，就使用了很多小紙條來採集數據，讓無法上網的老年人也能對社區的問題發表意見，讓數據帶上了人的溫度。

短短六七年的時間內，「大數據」已經成為我們耳熟能詳的名詞。蘇格拉底曾說，「未經審視的人生不值得一過」，而未經反思的技術也難以給人類帶來真正的福祉。在大數據時代，我們是否已具備足夠的洞見、勇氣和能力，來直面與大數據相關的種種社會、政治、經濟和文化方面的機遇和挑戰呢？

11.1　大數據還將改變什麼

大數據以及與之相關的技術仍在飛速發展之中，大數據時代給我們帶來的改變才剛剛開始。人類正進入萬物互聯的時代，整個物理世界正在不斷地在線化、數據化。當前全球聯網設備的數量已經大大超過全球人口總量，到 2020 年，全球聯網設備數量將達到 260 億甚至更高[149]。萬物互聯創造出了前所未有的數據量。到 2025 年，人類可能會產生 175 個 ZB 的

數據，將是 2016 年所生成的數據的 10 倍。175ZB 有多大？如果全部存儲在 DVD 光盤中，那麼所有光盤疊起來的高度是地球至月球距離的 22 倍還多，或者可以環繞地球 213 圈還多。如果以平均 25Mbit/s（目前美國的平均網絡連接速度）的速度下載這些數據，那麼一個人完成此任務需要約 20 億年，即便全世界所有人一起下載，也需要 96 天才能完成。[1] 中國的數據量預計在未來 7 年將平均每年增長 30%，並且到 2025 年將成為全球數據量最大的區域[150]。

　　隨着大數據和人工智能技術的迅猛發展，整個世界都將成為計算機的老師。當你搜索貓的圖片並點擊，實際上就是在告訴計算機什麼是貓。搜索引擎每天數百億次的搜索請求就是給人工智能大腦上了數百億節課。

　　人工智能的本質是計算，要對如此巨大、動態和多元的數據進行迅速的組織和分析，機器計算能力的提升和算法的革命性改進就顯得尤為重要。著名人工智能科學家吳恩達（Andrew Ng）通過讓計算機觀看 YouTube 上的視頻而識別出貓，但是這需要使用一家大型數據中心內的 2 000 顆 CPU（中

1　此處假設以 27GB 容量的藍光 DVD 計，其厚度為 1.2 毫米；地月距離以 384 403.9 千米計；地球周長以 40 076 千米計；一年以 365 天計；世界人口按 76 億計──編者注。

央處理器）。後來吳恩達發現可以將 GPU（圖形處理器）應用於上述識別貓的深度學習任務，該應用場景下只需要 12 顆 GPU 就可以提供相當於 2 000 顆 CPU 的計算能力[151]。現在，在 GPU 集群上運行深度學習神經網絡已經是一項主流技術，但技術還將繼續推陳出新。

　　儘管計算機「深藍」早在 20 多年前就戰勝了國際象棋世界冠軍卡斯帕羅夫，但由於圍棋的複雜度遠高於象棋，人們一度把圍棋視為人類在計算機面前最後的堡壘。然而，在蒙地卡羅樹搜索算法的基礎上，輔以用來減少搜索寬度的策略網絡和用來減少搜索深度的價值網絡，人工智能程序 AlphaGo 得以連續擊敗李世石、柯潔等頂級棋手。除此之外，近年來人工智能技術在語音識別、圖像識別、自動駕駛等領域也取得了巨大的進步。

　　儘管 AlphaGo 的一戰成名一度讓人工智能威脅論甚囂塵上，但在吳恩達看來，「擔心人工智能過於強大，就好像擔心人類會在火星過度殖民導致火星人口爆炸一樣」。與其說智能時代已經來臨，倒不如說智能時代正在孕育，而孕育人工智能的母體便是大數據。這個「懷胎」的過程，也遠遠不止十月。新技術的發展還將推動更多、更快、更多樣的方式採集數據，這將強化大數據的基礎，拓寬大數據的應用前景。

11.2   實現改變還面臨哪些挑戰

在大數據發展的過程中，還有諸多問題和挑戰需要直面與應對，包括縮小數據鴻溝、促進數據流動和保障數據安全等緊迫的議題。

數據鴻溝

2016 年，一個很多大城市用戶從沒玩過的應用「快手」，一躍成為流量僅次於微信、QQ 和微博的第四大手機應用，與拼多多、趣頭條等同樣定位下沉市場的應用一起，呈現出一個與豆瓣、知乎格調迥異的網上中國。

我國五線城市以及農村人口佔總人口的比例超過一半。14 億人中有多達 8 億多僅有初中及以下學歷，其中近一半是網民。當機場安檢的隊伍排成長龍的時候，經濟學家李迅雷卻發現，中國至少還有 10 億人沒坐過飛機，5 億人沒用上抽水馬桶[152]。自媒體人沈帥波感慨，「在中國，再眾所周知的事情，都起碼有 1 億人不知道，而大多數時候，是 10 億人都不知道」。當高鐵已把相隔千里的北京和上海緊緊相連時，中間跳過的是被快手佔領的中國農村；當「中國天眼」已將目光投向百萬光年外的宇宙，與其咫尺之遙的地方還住着一生從未走

出過大山的農民。中國很大，我們走過的其實很小；大數據很大，我們擁有的其實很少。

在移動互聯網時代，擁有一部能接入互聯網的智能手機的門檻已經大大降低，由基礎設施和終端設備造成的數字鴻溝正在不斷縮小。但不同收入水平和受教育程度的人群在獲取和利用數據的能力上仍差異顯著，因此人們所分享到的「數據紅利」也天差地遠。數字鴻溝的問題已越來越不容忽視。

一個數據集，無論它多大或者多小，其自身都不會帶來任何價值，數據實現價值的關鍵在於利用。如果不提高普通大眾利用數據的能力，他們面對浩如煙海的大數據將無能為力。因此，培養成年人和青少年的數據意識和技能至關重要，美國、英國、日本和新加坡等國都已將編程教育納入小學課程。不斷學習和提升運用計算機的能力，以及運用數據的能力，將貫穿人的一生。

數據流動

數據只有跨越層級、組織和地域的邊界流動，才能釋放出其潛在價值。人類正進入一個愈加複雜和多樣的世界，多種思潮和爭端伴隨着信息爆炸撲面而來。然而，紛紛擾擾的國際形勢，不能掩蓋和平、發展、合作、共贏的時代主流，世界各

國經濟與社會日益呈現出利益交匯、相互依存的態勢。全球化已經進入了一個以信息、思想和知識流動為特徵的新階段，而數據的流動是以上這一切流動的基礎。僅 2014 年一年，跨境數據流動就為全球經濟創造了 2.8 萬億美元的價值，對於經濟增長的貢獻已經超過跨境貿易。

2018 年 7 月，谷歌、臉書、微軟和推特四大互聯網巨頭聯合發起了一項數據轉移項目，旨在增強平台之間的數據流動，允許用戶將數據在不同服務平台之間直接轉移。歐盟《一般數據保護條例》也通過了數據可移植性（Data Portability）等方面的條款，在促進數據流動與保護數據安全之間，以及在保持商業活力與監管規範市場之間尋求平衡之道。

但與此同時，由於不同國家在數據主權和網絡空間主權問題上的立場和觀點各異，有關數據流動的話題仍充滿爭論。大數據時代，各國的命運愈加休戚相關，沒有哪個國家能夠獨善其身。如何讓大數據在無傷害原則下儘可能流動起來，提升人類的共同福祉，還需要各國政府、市場以及公眾的共同參與和協作。

數據安全

數據安全是利用數據產生價值的基本保障。自從 70 多年

前「信息論之父」克勞德‧香農的論文《保密系統的通信理論》發表以來，信息和數據安全的內容不斷擴充，技術不斷迭代，而大數據時代的到來則為數據安全帶來了前所未有的挑戰。

當前，數據安全已經不再局限於數據的保密性、完整性和可用性，一系列新問題需要直面。依靠對數據畫地為牢來保障安全已經毫無意義，如何平衡數據流動與數據安全？除了防止數據被非法獲取的傳統做法之外，如何防止數據的污染、濫用以及誤用？在大數據時代，數據生成／獲取、存儲、處理、利用、流通、管護、銷毀的全生命周期中涉及的主體更多，面臨的情況更複雜，每一個環節都存在數據失控的風險，在這樣一個相互依賴的數據生態中，各個利益相關方應該如何保護自己和夥伴的數據安全呢？

未來，大數據的增長將極大地依賴於物聯網的發展。物聯網涉及的利益相關方多、節點分佈廣、數據體量龐大、數據類型多樣且應用環境複雜，還將對數據安全構成更大挑戰[153]。

隨着各行各業的數字化轉型，作為基本的生產資料，數據跨越組織和行業的邊界進行流動將變得更為普遍，數據安全問題已無法依靠任何一方的力量來解決。保障數據安全作為一項系統工程，有賴於政府、企業、行業組織和研究機構等各個

利益相關方的參與和協同治理，以提升全社會的數據安全水平。保障數據安全也不能僅僅寄希望於技術手段，治理體系和管理手段也至關重要。

11.3　什麼不應該被改變

人的意志

坊間曾流傳過這樣一個笑話，說某互聯網電影公司高管在行業會議上發言：「通過大數據挖掘，我們發現了不同電影觀眾的賣品偏好，比如《芳華》的觀眾比《戰狼 2》的觀眾消費了更多的熱飲」。其實，《芳華》的觀眾不僅比《戰狼 2》的觀眾更愛喝熱飲，也更愛穿厚衣服，因為前者的上映時間在冬天，後者則在夏天。同樣，當一個音樂 App 發現用戶有一天把一首情歌循環聽了幾十遍時，不一定是他那天有什麼特別的情愫，可能只是因為他專注於工作而忽略了音箱裏在放什麼歌；當一個支付軟件發現很多人的旅行支出明顯下降時，也並不一定是因為他們都成了「御宅族」，而可能只是因為單位要求他們必須用公務卡結算差旅支出。

當我們擁有了數據，仿佛我們的結論就有了先入為主的、無可辯駁的正確性，其實卻可能謬以千里。畢竟，大數據

並不等同於事實本身。大數據自身可能不全面、不及時，甚至不準確，大數據分析的結果也很可能被誤讀、被扭曲甚至被操縱。「讓數據自己發聲」[32]的理想離現實還有很大距離，對大數據絕不能盲目迷信。

「我看過沙漠下暴雨，看過大海親吻鯊魚，看過黃昏追逐黎明，沒看過你」[1]。數據也許比你更了解這個世界，但數據未必比你更了解你自己；數據也無法鑽進人的大腦，無法解釋和操縱人類的自由意志。數據可以讓人從簡單重複的勞動中解放出來，讓人去做他們更擅長也更喜歡的事，但數據不能也不應取代人的思想。即便一個攝像頭每天 24 小時跟着你，它也無法知道你每一次行動的理由和意圖，技術的進步不能終結人類的意義世界[154]。

「要敢於運用你的理智（Dare to Know）」，這是啟蒙運動的口號，「啟蒙就是人類脫離自己所加之於自己的不成熟狀態，不成熟狀態就是不經他人的引導，就對運用自己的理智無能為力」（康德）。在大數據時代，「他人」已經升級成了技術或是掌握技術的「他人」，人類的自由意志正面臨前所未有的挑戰。

---

1 《奇妙能力歌》，陳粒作詞、作曲並演唱。

人的溫度

幾年前在一部廣受好評的公益廣告裏，一位小女孩晚上騎車回家經過一條胡同的時候，一位路邊擺攤賣小吃的大爺特意打開了燈，將小女孩要經過的那段路照亮[155]。「在我們這條街的盡頭，在公寓樓、裁縫店、我家的房子、洗衣店、比薩屋和水果攤的前面，有 12 個孩子正在人行道上玩，他們同時也在 14 個大人的視野之內」。街角巷口的小店老闆，既是街道的「安全眼」，也是居民的老朋友。電子地圖雖能讓我們從上帝視角俯瞰大地，卻無法照顧到每個人的內心世界；遍佈街角的攝像頭雖然能事後回看，卻無法取代鄰里之間的守望相助。

在大數據時代，人的溫度不應退場。美國哲學家劉易斯‧芒福德曾經呼籲：「必須以有機的生命世界觀替代機械論的世界觀，把現在給予機器和電腦的最高地位賦予人[156]。」

人的尊嚴

德國詩人荷爾德林曾寫道，「總是使一個國家變成人間地獄的東西，恰恰是人們試圖將其變成天堂」。歷史學家尤瓦爾‧赫拉利在《今日簡史》中就曾警告，2050 年我們可能迎來數據霸權的時代，算法可以預測一切，算法可以自己迭代，算法可以替代我們進行決策[157]。如果這一天真的到來，

小說《1984》中虛構的監控無所不在的場景會不會成真？如果一個社會的普適記錄能力被集中控制，那它也可能走向平權社會的對立面——極權社會[82]。在一個「天網恢恢」的時代，「可以大規模地、持續地在公共場合獲得一個人的照片，而且不需要經過當事人的同意，甚至在當事人毫不知情的情況下就能獲得數據」[82]。這種能力，歷史上的任何力量都未曾具備過。

「如果想要創造一個更美好的世界，關鍵就是要釋放數據，給它們自由」[158]。當數據獲得了最大的自由，人的自由還有多少？社會學家孟德斯鳩曾說道，「有權力的人往往使用權力，一直遇到有界限的地方才停止」。當有些機構開始用智能手環監督環衛工人，當有些地方準備用徵信制度限制勞動者頻繁跳槽時，我們需要停下來思考一下，採集數據的權力是否應該有邊界？如果有，這條邊界應該畫在哪裏？大數據時代的法治建設亟須對這些問題做出回答。

11.4　改變是為了什麼

在 1998 年上映的電影《楚門的世界》中，男主人公楚門自從出生起就生活在一個巨大的攝影棚中，他身邊的親朋好友全都是演員，他每天生活的一點一滴被幾千台攝影機記錄並向

全國直播。故事的最後，主人公衝破重重險阻，奔向了那個並不美好但卻真實的世界。在「大數據」概念還未誕生的年代，這部電影就用一種寓言式的敍事方式提出了這樣一個問題：技術的發展到底是解放還是束縛了人類？

當技術把人類從枯燥的、繁重的、機械式重複的勞動中解放出來之後，人類是否真的能夠完成馬克思所說的從「勞動的異化階段」到「勞動的自我復歸階段」的昇華？未來的人會不會僅僅滿足於大數據的一切「貼心」推薦，天天吃飽喝足在陽光下打盹？或是為了反叛而反叛，只因受夠了「市民生活中的陰鬱和社群感的缺乏」[159]？尼采、黑格爾和福山筆下的「最後的人」也許會過上一種身體上安全、物質上滿足但精神上沒有追求的生活，對此我們應該感到幸運還是恐懼？

康德曾說：「人就是人，而不是達到任何目的的工具。」在大數據時代，人會成為自己還是成為工具？大數據的未來會走向「數據主義」、視一切為數據、以數據為中心[160]，還是會以人為中心、維護人的自由和尊嚴、促進人的全面發展、滿足人對美好生活的嚮往？時代把這些問題拋回給了我們自己，把對未來的責任壓在我們每一個人的肩膀上。

作家阿爾貝‧加繆的一句話也許可以用來回答上面這些問題：「對未來最大的慷慨，是把一切獻給現在。」

參考文獻

[1]　人民網·2018 數博會：大數據打開改造世界新大門 [EB/OL]·
（2019-06-02）·

[2]　涂子沛·數據之巔：大數據革命，歷史，現實與未來 [M]·北京：
中信出版集團，2014·

[3]　Goodall R, Fandel D, Allan A, Landler P, Huff H. Long term
productivity mechanisms of the semiconductor industry[J].
Semiconductor silicon 2002 proceedings, 9th edn. Electrochemical
Society, 2002·

[4]　CNN. The Staggering Pace of Technology[EB/OL]·（2010-08-31）·

[5]　驅動之家·Intel 10nm 亮劍，輕薄本迎來全「芯」時代 [EB/
OL]·（2019-03-01）·

[6]　中國民航網·東航讓「不會說話的旅客」能全程「開口」了！[EB/
OL]·（2019-01-29）·

[7]　新浪體育·解密中國男足為何亞洲杯訓練穿「胸罩」（圖）[EB/
OL]·（2015-01-09）·

[8]　中國新聞圖片網·鄭州東站：全國鐵路第一款人像比對警務眼鏡
投入實戰 [EB/OL]·（2018-02-05）·

[9]　電商報·餓了麼：菜場不改變，我就改變菜場！再改變對手！美
團：我也是！[EB/OL]·（2019-04-03）·

[10]　信息時報‧男人一看球，女人就購物？[EB/OL]‧（2012-06-22）‧

[11]　經濟觀察網‧擁抱大數據時代華師大校園飯卡顯關愛[EB/OL]‧
　　　（2013-07-22）‧

[12]　涂子沛‧大數據[M]‧桂林：廣西師範大學出版社，2015‧

[13]　中國政府網‧習近平主持中共中央政治局第二次集體學習並講話
　　　[EB/OL]‧（2017-12-09）‧

[14]　人民網‧浙江加快推進「最多跑一次」改革綜述[EB/OL]‧
　　　（2017-06-05）‧

[15]　金華房產，搜狐網‧無證明辦理公積金業務！這18項證明現已
　　　全部取消[EB/OL]‧（2019-03-15）‧

[16]　澎湃新聞‧重要場合，上海市委書記李強釋放長三角一體化重磅
　　　信號[EB/OL]‧（2018-03-08）‧

[17]　上海發佈‧一體化進入快車道！李強接受長三角黨報聯訪，6000
　　　字詳解「上海會議」成果落實[EB/OL]‧（2018-06-12）‧

[18]　鄭躍平，梁春鼎，黃思穎‧我國地方政府政務熱線發展的現狀與
　　　問題——基於28個大中城市政務熱線的調查研究[J]‧電子政務，
　　　2018（12）：2-17‧

[19]　韋露，鄭躍平‧美國311政務熱線研究綜述[J]‧電子政務，
　　　2018，192（12）：43-51‧

[20]　吳海山，王翔‧「空城」研究：城市空置住宅區量化分析[J]‧
　　　行政改革內參，2016（6）‧

[21]　王翔，鄭磊‧面向數據開放的地方政府數據治理：問題與路徑[J]‧
　　　電子政務，2019，194（2）：27-33‧

[22] 南方周末·大數據反腐：兩個庫一撞，疑點就出來了 [EB/OL]·
（2019-06-08）·

[23] 人民日報·「數據鐵籠」讓監督執紀快而准 [EB/OL]·（2018-04-17）·

[24] 中國政府網·李克強：把行政執法權力關進「數據鐵籠」[EB/OL]·（2015-02-15）·

[25] 王翔·通往數字時代的智慧治理之路 [J]·環球財經，2018（2）：42-47·

[26] 新華網·習近平：上海要繼續當好改革開放排頭兵、創新發展先行者 [EB/OL]·（2015-03-05）·

[27] 復旦大學數字與移動治理實驗室·2019 中國地方政府數據開放報告 [R/OL]·（2019-05-25）·

[28] 鄭磊·開放的數林：政府數據開放的中國故事 [M]·上海：上海人民出版社，2018·

[29] Adopt a Hydrant 官網 [EB/OL]·（2019-04-08）·

[30] 俞可平·治理與善治 [M]·北京：社會科學文獻出版社，2000：4·

[31] 搜狐網·前沿｜用大數據關注留守兒童，東大學子獲最佳設計獎 [EB/OL]·（2017-12-05）·

[32] 邁爾 - 舍恩伯格，庫克耶·大數據時代——生活、工作與思維的大變革 [M]·盛楊燕，周濤，譯·杭州：浙江人民出版社，2013·

[33] 光明日報·「反向春運」：闔家團圓新趨勢 [EB/OL]·（2019-01-25）·

[34]　中國交通新聞網・不變的春運，漸變的「印象」[EB/OL]・
　　　（2019-03-04）・

[35]　杭州市發展和改革委員會，杭州市數據資源管理局・杭州城市數
　　　據大腦規劃 [Z]，2018-04-13：3・

[36]　杭州網・城市大腦交出年度報告：22 公里長中河上塘高架車行
　　　時間節省近 5 分鐘 [EB/OL]・（2017-10-12）・

[37]　杭州網・120 急救車一路綠燈這背後是杭州試點一年的「城市大
　　　腦」交通模塊 [EB/OL]・（2017-10-10）・

[38]　杭州市公安局・重磅來襲：城市數據大腦 V2.0 在 2018 雲棲大
　　　會首發 [EB/OL]・（2018-04-03）・

[39]　高德地圖・2016 年度中國主要城市交通分析報告 [R/OL]・
　　　（2017-01-10）・

[40]　菜鳥網絡，交通運輸部科學研究院，阿里研究院・2017 中國智
　　　慧物流大數據發展報告 [R/OL]（2017-03-29）・

[41]　中國大物流網・物流智能化已是大勢所趨 菜鳥如何順勢而為？
　　　[EB/OL]・（2016-08-22）・

[42]　羅超頻道・參觀菜鳥自動化倉庫，它或許代表了物流和電商的未
　　　來 [EB/OL]・（2016-08-22）・

[43]　物聯雲倉・年省 6.1 億！菜鳥網絡智慧物流瞄準數據和算法 [EB/
　　　OL]・（2016-08-08）・

[44]　張鵬順・大數據時代旅遊產業的發展：挑戰、變革與對策研究
　　　[M]・鎮江：江蘇大學出版社・2017：20・

[45]　騰訊網・馬蜂窩都斌：大數據如何驅動業務增長？[EB/OL]・
　　　（2018-08-03）・

[46]　奇創‧旅遊與大數據專題研究 [EB/OL]‧（2019-07-03）‧

[47]　王強‧衢州教育借大數據「變道超車」[N]‧中國教育報，2018-03-28（001）‧

[48]　方海光‧教育大數據：邁向共建、共享、開放、個性的未來數據[M]‧北京：機械工業出版社，2016‧

[49]　美通社‧學堂在線用戶破千萬 清華名師助推優質教育資源共享[EB/OL]‧（2018-03-21）‧

[50]　青海熱線官方，搜狐網‧十大案例剖析教育大數據價值挖掘 繪就教育革新路線 [EB/OL]‧（2017-12-19）‧

[51]　王家源，梁丹，林煥新‧規範校外線上培訓邁出關鍵一步——專家解讀《關於規範校外線上培訓的實施意見》[N]‧中國教育報，2019-07-16（001）‧

[52]　新浪博客‧學以「適」用——高等教育領域自適應學習的案例分析第一章 [EB/OL]‧（2014-07-25）‧

[53]　雷鋒網‧乂學教育松鼠 AI 首席科學家崔煒：用 AI 將個性化學習規模化 [EB/OL]‧（2018-07-03）‧

[54]　論答人工智能學習系統，搜狐網‧實現「因材施教」，自適應學習是終極解決方案？[EB/OL]‧（2019-06-28）‧

[55]　作業幫‧作業幫簡介 [EB/OL]‧

[56]　北京師範大學‧《全國中小學生在線學情分析報告（減負增效專題）》於北師大發佈 [EB/OL]‧（2019-05-17）‧

[57]　陸以勤‧華南理工大學科研大數據實踐 [J]‧中國教育網絡，2017（10）：26‧

[58] 東華大學·實驗室管理手段創新帶來的「實惠」——材料學院智能實驗室管理系統開發與實踐紀實 [EB/OL]·（2010-11-30）·

[59] 網絡大數據·帶你用大數據尋找「最孤獨的人」[EB/OL]·（2016-04-18）·

[60] 甘甜·推動「大數據」與教育深度融合——訪江西省教育管理信息中心主任徐峰 [J]·江西教育，2018（1）：20-22·

[61] 澎湃·大數據「精準扶貧」，南京理工大學「偷偷」給貧困生飯卡充錢 [EB/OL]·（2016-03-24）·

[62] 王三壽·大數據商業應用場景 [M]·北京：機械工業出版社，2016：155·

[63] 杜占元·發展教育信息化推動教育現代化 2030[J]·中國農村教育，2017（5）：11-12·

[64] 中華人民共和國教育部·教育部關於印發《教育信息化「十三五」規劃》的通知 [EB/OL]·（2016-06-23）·

[65] 新華網·習近平：把人民健康放在優先發展戰略地位 [EB/OL]·（2016-08-20）·

[66] 中國產業經濟信息網·健康醫療大數據已成新經濟增長點 [EB/OL]·（2019-04-05）·

[67] 乙圖，搜狐網·一對獨居老人死家中數日才被發現，長子就住在對面小區 [EB/OL]·（2018-08-23）·

[68] 亮哥說養老，搜狐網·老齡化加深！2018 年末我國 60 歲以上老年人口 24949 萬人 [EB/OL]·（2019-01-22）·

[69] 新互聯網時代，搜狐網·中國空巢老人的痛處，如何解決他們的心理問題 [EB/OL]·（2018-07-17）·

[70] The Japan Times·Utilities can help save Japan's elderly[EB/OL]·（2018-04-12）·

[71] 王曉易·大數據支撐：養老產業擁抱「智能＋」時代 [J]·現代養生，2018（4）：7-8·

[72] 新華網·習近平總書記在 2017 年春節團拜會上的重要講話溫暖人心催人奮進 [EB/OL]·（2017-01-27）·

[73] 當代先鋒網·大健康管理：大數據時代的「治未病」模式 [EB/OL]·（2016-07-09）·

[74] 醫療器械經銷商聯盟，搜狐網·深圳一些醫院開始通過引入科技設備打造「智慧醫院」[EB/OL]·（2018-06-19）·

[75] 宋波，朱甜甜，于旭，et al·醫療大數據在腫瘤疾病中的應用研究 [J]·中國數字醫學，2017（8）：35-37·

[76] 中國青年報·醫患變形記 [EB/OL]·（2009-09-14）·

[77] 人民網·武漢中心醫院打造未來醫院實現線上就醫全流程服務 [EB/OL]·（2019-03-28）·

[78] 陝西傳媒網·掛號難看病難患者體驗差！在家裏能看病你體驗了嗎？ [EB/OL]·（2019-04-17）·

[79] 騰訊科技·AI 時代《看得見的未來》講述智慧醫療「現在進行時」 [EB/OL]·（2019-04-17）·

[80] 南方網·機器人配藥、刷臉就診…深圳醫院裏的這些「黑科技」你見過麼？[EB/OL]·（2018-03-15）·

[81] 人民日報·更好滿足人民群眾需求：全面提升公安工作法治化水平（新知新覺）[EB/OL]·（2019-07-31）·

[82] 涂子沛・數文明：大數據如何重塑人類文明、商業形態和個人世界 [M]・北京：中信出版社，2018・

[83] Evening Standard・We're watching you：Britons caught on CCTV 70 times a day [EB/OL]・（2013-03-03）・

[84] IHS Markit・Video surveillance as a service（VSaaS）-2018 edition[R/OL]・（2018-07）・

[85] 史友興・家門口攝像頭引發的侵權官司 [N]・檢察日報，2017-11-08・

[86] 每日商報・8000 多輛公交車年底前安裝監控設備知道公交車上 4 個攝像頭的「分工」嗎？[EB/OL]・（2014-09-21）・

[87] 山西晚報・臨汾公交車裝攝像頭抓拍違章，11 天拍下 230 餘輛車佔公交道 [EB/OL]・（2016-12-20）・

[88] 南報網・南京女子深夜遭摩搶，私家車行車記錄儀助破案 [EB/OL]・（2016-09-06）・

[89] 新華網・泉州：公安機關整合社會視頻監控資源，傾力打造「雪亮工程」[EB/OL]・（2016-11-24）・

[90] 新聞晨報・新能源車開「黑車」滬牌或被收回 [EB/OL]・（2016-06-23）・

[91] 錢江晚報・高速抓拍神器 5 天抓拍 4000 起 [EB/OL]・（2017-06-06）・

[92] 全成浩，李松巖・車輛、手機軌跡求證法研究 [J]・湖北警官學院學報，2013（12）：29-32・

[93] Gonzalez M C, Hidalgo C A, Barabasi A L. Understanding individual human mobility patterns[J]. Nature, 2008, 453(7196): 779.

[94] New Scientist. CCTV footage shows London suicide bombers[EB/OL].（2005-07-13）.

[95] The Washington Post. Police, citizens and technology factor into Boston bombing probe[EB/OL].（2013-04-20）.

[96] NBC Bay Area. Facial recognition, once a battlefield tool, lands in San Diego County[EB/OL].（2013-11-07）.

[97] 錢江晚報 · 4600 天後震驚杭城的之江花園別墅兇案告破 [EB/OL] · （2016-06-11）·

[98] The New York Times. What we know about Joseph DeAngelo, the golden state killer suspect[EB/OL].（2018-04-26）·

[99] 人民網 · 習近平：深化金融供給側結構性改革增強金融服務實體經濟能力 [EB/OL] · （2019-02-24）·

[100] 白培新 · 雲計算，理想與現實——我所經歷的「餘額寶」的那些故事 [J] · 程序員，2014（5）：28-35 ·

[101] 新浪科技 · 范馳在 2014 中國互聯網大會上的演講 [EB/OL] · （2014-08-28）·

[102] 科技快報網 · 中國金融科技創新企業估值排行榜今日發佈 [EB/OL] · （2018-04-02）·

[103] 阿里研究院 · 互聯網＋：從 IT 到 DT[M] · 北京：機械工業出版社，2015：74 ·

[104] 阿里研究院 · 案例說 | 海瀾之家的新零售之路 [EB/OL] · （2019-01-31）·

[105] 鳳凰科技 · 馬雲參觀海瀾集團後，要將其 5000 家線下店進行智慧升級 [EB/OL] · （2017-08-30）·

[106] 昆明日報．「一部手機遊雲南」成旅遊轉型升級新引擎 [EB/OL]．（2019-02-12）．

[107] 李軍．實戰大數據：客戶定位與精準營銷 [M]．北京：清華大學出版社，2015：133．

[108] 陳雨凌．從《白夜追凶》的成功看大數據在網絡自製劇中的應用 [J]．新聞傳播，2018（11）：51-52．

[109] 徐一超．「咕咚運動」與健身的現代性 [J]．天涯，2016（4）：43-45．

[110] 咕咚．咕咚簡介 [EB/OL]．（2021-05）．

[111] 中國互聯網絡信息中心．第 43 次《中國互聯網絡發展狀況統計報告》[EB/OL]．（2019-02-28）．

[112] 海天理財．一本書讀懂大數據商業營銷 [M]．北京：清華大學出版社，2015：5．

[113] 人民網．個人信息保護法已列入立法規劃（「瀏覽器主頁劫持」報道追蹤）[EB/OL]．（2019-06-05）．

[114] 人民網．有關科技創新，習近平總書記這些金句值得回味 [EB/OL]．（2018-06-08）．

[115] 經濟觀察報．在東莞、佛山尋找中國製造的本相：替日本生產馬桶蓋、醬油生產線靠進口 [EB/OL]．（2019-05-18）．

[116] 中國大數據產業觀察網，搜狐網．世界 500 強美的大數據建設的啟發 [EB/OL]．（2017-08-16）．

[117] 財經．美的：八年百億投資，數字化如何重塑家電巨頭 [EB/OL]．（2019-06-04）．

[118] CIO 時代網，搜狐網·大數據正在改變製造過程的三種方式 [EB/OL]·（2018-04-04）·

[119] 貴陽網·貴陽娃哈哈實施「大數據 + 傳統產業」試點改造推進企業節能增效 [EB/ OL]·（2017-09-15）·

[120] 愛範兒·我們去了一趟 OPPO 的工廠，發現造一部 Reno 手機並不簡單 [EB/OL]·（2019-04-28）·

[121] 科技日報·巨頭轉型：未來，做一個智能「碼頭醫生」[EB/OL]·（2017-07-05）·

[122] 新華網·三一重工「挖掘機指數」告訴你不一樣的中國經濟 [EB/OL]·（2015-12-21）·

[123] 機器人庫，搜狐網·機器人來了！杭州工廠裏大批人工智能開始替代人力 [EB/ OL]·（2019-03-05）·

[124] 中財網·國內機器人產業將形成百億級公司市場或過千億 [EB/OL]·（2014-11-28）·

[125] 和訊科技·探祕長虹「無人工廠」：告訴你什麼是真科技 [EB/OL]·（2014-10-31）·

[126] 工作家 iWorker，搜狐網·雲 ERP+MES 打通製造業的「任督二脈」[EB/OL]·（2019-03-04）·

[127] 網絡大數據·工業大數據應用的四大挑戰 [EB/OL]·（2019-05-31）·

[128] 騰訊研究院·中國製造業的互聯網化、數字化、智能化路徑探索 [EB/OL]·（2019-01-31）·

[129] 光明日報·「綠水青山就是金山銀山」發展理念的科學內涵 [EB/OL]·（2018-05-09）·

[130] 今日新聞·「想企業所想，急企業所急」——市城市節水辦為何得到這樣的評價？[EB/OL]·(2018-05-20)·

[131] 成都日報·成都啟動「2018 年全國城市節水宣傳周」活動 [EB/OL]·(2018-05-14)·

[132] 開天源水務信息化，搜狐網·紹興市利用大數據技術破解供水漏損控制難題引領行業發展 [EB/OL]·(2019-03-22)·

[133] 崔毅·農業節水灌溉技術及應用實例 [M]·北京：化學工業出版社，2005·

[134] 康紹忠，李永傑·21 世紀我國節水農業發展趨勢及其對策 [J]·農業工程學報，1997（4）：1-7·

[135] 農民日報·江蘇新沂市：「數據」讓新沂農民「慧」種地 [EB/OL]·(2019-04-26)·

[136] 農業科技報·精準農業有了高科技管家 [EB/OL]·(2019-04-16)·

[137] 孟山都公司·有一種較真叫做「精準灌溉」[EB/OL]·(2016-06-07)·

[138] 中國農業新聞網·江蘇率先構建省級土壤墒情監測系統 [EB/OL]·(2019-05-17)·

[139] 胡勘平·望得見山，看得見水，記得住鄉愁—— 2013 年中國生態文明建設述要 [J]·中國三峽（人文版），2014（2）：50-51·

[140] 中國科學報·大數據技術助力重慶「海綿」城市建設 [EB/OL]·(2018-07-09)·

[141] 中國經濟網·王召明委員：生態文明建設需要大數據支撐 [EB/OL]·(2017-03-10)·

[142] 波士財經·全國首個省級生態環境大數據平台福建落地 [J]·福建輕紡，2018（4）：25-26·

[143] 中國環境報·福建：數字生態引領環境管理提「智」增效 [EB/OL]·（2019-04-23）·

[144] 貴州貴安新區管理委員會，搜狐網·貴安新區：大數據監管環境 [EB/OL]·（2017-07-08）·

[145] 人民日報·成都高新探路垃圾分類：走出大數據監管＋積分制的智慧路徑 [EB/OL]·（2018-04-16）·

[146] 環球網科技·數據顯示使用快的滴滴每年可減少碳排放 729 萬噸 [EB/OL]·（2015-03-03）·

[147] 上海金融與法律研究院·數據與城市正義：回龍觀居民「身體被掏空」問題如何解決 [EB/OL]·（2018-07-03）·

[148] 城市象限，搜狐網·一條自行車專用路的誕生 [EB/OL]·（2019-05-31）·

[149] Morgan J. A simple explanation of 'the internet of things'[J]. Forbes/Leadership，2014·

[150] Reinsel D, Gantz J, Rydning J. The Digitization of the World-From Edge to Core，IDC （2018.11）·

[151] 中德工業技術，搜狐網·百度吳恩達：GPU 是人工智能的驅動力 [EB/OL]·（2016-09-15）·

[152] 中國首席經濟學家論壇·李迅雷：中國有多少人沒有坐過飛機——探討擴內需的路徑 [EB/OL]·（2019-01-09）·

[153] 規制與公法，搜狐網‧政府數據開放力作《開放的數林：政府數據開放的中國故事（鄭磊著）》[EB/OL]‧（2018-08-29）‧

[154] 楊國榮‧論意義世界 [J]‧中國社會科學，2009（4）：15-26‧

[155] AC 編輯部‧整治「開牆打洞」，有必要一拆了之嗎？[EB/OL]‧（2018-01-23）‧

[156] Multhauf R P，Mumford L，The Myth of the Machine: The Pentagon of Power (Book Review)[J]‧Technology and Culture，1972，13(2): 295‧

[157] 赫拉利‧今日簡史 [M]‧北京：中信出版集團，2017‧

[158] 赫拉利‧未來簡史 [M]‧北京：中信出版集團，2017‧

[159] 福山‧歷史的終結與最後的人 [M]‧桂林：廣西師範大學出版社，2014‧

[160] 高兆明‧「數據主義」的人文批判 [J]‧江蘇社會科學，2018(4)：162-170‧

善數者成：大數據改變中國

涂子沛　鄭磊　編著

責任編輯　王春永
裝幀設計　譚一清
排　　版　黎　浪
印　　務　劉漢舉

出版　　開明書店
　　　　香港北角英皇道 499 號北角工業大廈一樓 B
　　　　電話：（852）2137 2338　傳真：（852）2713 8202
　　　　電子郵件：info@chunghwabook.com.hk
　　　　網址：http://www.chunghwabook.com.hk

發行　　香港聯合書刊物流有限公司
　　　　香港新界荃灣德士古道 220-248 號
　　　　荃灣工業中心 16 樓
　　　　電話：（852）2150 2100　傳真：（852）2407 3062
　　　　電子郵件：info@suplogistics.com.hk

印刷　　美雅印刷製本有限公司
　　　　香港觀塘榮業街 6 號 海濱工業大廈 4 樓 A 室

版次　　2022 年 2 月初版
　　　　© 2022 開明書店

規格　　32 開（210mm×153mm）

ISBN　　978-962-459-246-7